강을 건너온
사람들

강을 건너온 사람들

김형석 지음

따스한 이야기

나는 이 책을,

내가 읽어야 할 책으로 썼다.

내가 살아내야 할 이야기로 썼다.

내가 살아갈 이야기로 썼다.

그래서 그들의 이야기가 아닌 나의 이야기로 읽으려고 한다.

다 아는 이야기를 썼다.

알면서 지나간 것은 다시 새기고,

놓치고 지나간 것은 다시 찾으려 한다.

그래서 이 책은 누구를 위한 책이기 이전에 나를 위한 책이다.

보여주고 들려주고 싶다기보다는 나를 돌아보는 쪽지 같은 책이다.

혹시라도 이 책을 읽는 분이 있다면,
그 동안 놓치고 지나간 것이 있는지
되찾아 보는 마음으로 읽어주길 바란다.
그리고 아는 이야기라면 아는 대로 그렇게 살아내고 있는 지
거울로 사용하며 읽어주기를 바란다.

특별히 사랑하는 내 아내, 두 딸들과 함께
같이 읽고 같이 살아내고 싶은 마음으로 썼다.

우리가 살고 있는 이 시대가 위기라고 하는 말은 너무나 많이 들어서 식상하기까지 하다. 얼마 전 한국을 방문한 레너드 스윗(Leonard I. Sweet)은 그 위기가 세계 모든 지역, 모든 영역에서의 총체적 위기라고 하는 사실이 우리시대 특색이라고 했다.

이 위기를 치유하기 위해 우리는 신비한 약을 개발할 필요가 없다. 가장 고전적이면서도 확실한 치료제가 우리에겐 있다. 바로 성경으로 돌아가는 것이다. 그런 의미에서 김형석 목사의 「다시 보는 성경이야기」는 우리의 눈을 번쩍 뜨이게 만든다.

특별히 다시 보는 성경이야기 시리즈의 첫 번째 책인 「강을 건너온 사람들」은 성경으로 우리를 이끌어가서 우리 실존의 뿌리를 알려준다. 우리가 너무나 잘 알고 많이 들었던 아브라함, 이삭, 야곱, 요셉 즉, 족장들의 이야기는 너무나 평범한 소재이다. 김형석 목사는 이 평범한 스토리를 통해 성경의 사건을 오늘 우리시대 바로 내 이야기로 끌어오고 있다. 시제를 초월하는 신비감마저 든다.

그래서 이 책을 읽는 동안 자연스레 우리의 한 손이 가슴에 올라가 있게 된다. 그 얘기들은 바로 나의 이야기이기 때문이다. 저자 김형석 목사를 늘 가까이에서 만나고 교제하는 필자는 그 책 속에서 저자의 향기가 물씬 느껴진다. 이 책에는 저자의 진실성, 솔직함, 예리함, 넉넉함이 구석구석 고여 있다.

김형석 목사의 글은 유기농 식재료로 조미료 없이 자연의 맛을 살려낸 듯 담백하다. 맛있다. 뒷맛이 깨끗하다. 이런 음식이 우리 몸에 유익하듯 저자의 글은 우리 영혼을 건강하게 해 준다. 신선한 통찰을 준다. 목회자, 신학생 그리고 평신도 지도자들의 일독을 기쁜 마음으로 권한다.

한소망교회 담임목사 류영모

여는 글

　성경은 성공신화를 보여주기 위한 책이 아니다. 성공적인 인생을 살았던 믿음의 사람들의 행장에는 수많은 고통과 좌절, 고난과 역경의 그림자들이 항상 뒤따라 다닌다. 성경은 성공을 보여주는 것과 동시에 가장 고통스러운 인간실존과 삶의 현장을 있는 그대로 보여준다. 우리는 그 속에서 영적 교훈을 찾아가는 것이다.

　지금까지 우리는 성경의 극적인 이야기 속에서 그들의 위대한 모습에 초점을 맞추어 읽어왔다. 그들의 성공신화에 감동하고 열광했다. 그들의 비열하고 나약한 인간한계의 모습은 성공신화에 묻혀버리고 말았다.

　사실 우리는 빈틈없는 사람을 보면 존경하는 것이 아니라 피한다. 피곤하기 때문이다. 사람은 누구나 완벽한 것이 좋은 줄 알지만, 완벽한 삶에 대해서는 숨 막혀 한다. 인간적인 면이 없다. 우리는 완벽한 사람에게서 감동하는 것이 아니라. 실수투성이 오점 투성이 이지만, 자기를 깨닫고 일어서려고 발부둥치는 사람에게서 감동을 받는다. 수많은 실수와 실패 속에서 다시 일어서려고 노력하는 사람에게서 우리는 감동한다. 그런 사람들이 이룩한 성공신화에 감동한다.

아브라함, 이삭, 야곱 그리고 요셉을 보면서 그들이 마침내 성공신화를 이룩했던 사람이기 때문에 감동을 받는 것이 아니다. 사실 지금까지는 그들의 성공신화 교육에 빠져서 그들의 참 인간다움을 보지 못했다.

오히려 그들의 실수와 약점 그리고 때로는 비인간적이고 비신앙적인 모습과 자기갈등의 몸부림치는 과정을 통해서 우리는 더 큰 감동을 받을 수 있다.

네 명의 족장들의 이야기를 통해 우리의 자화상을 발견하며 새로운 도전과 방향성을 찾아보고자 한다.

2014년 8월
김형석

프롤로그

강을 건너온 사람들

'히브리'라는 말은 원래 '강을 건너온 사람'이라는 뜻이다. 우리가 흔히 알고 있는 '노예'라는 뜻이 아니다. '히브리'는 믿음의 조상이라고 일컬어졌던 아브라함 때로부터 붙여진 민족의 이름이다. 처음에는 강을 건너온 사람으로서 한 가문의 이름이었지만, 이스라엘 민족의 이름으로 자리를 잡는다.

성경을 읽는 두 가지 원칙

성경을 잘 읽기 위한 중요한 두 가지 원칙이 있다. 하나는 현재화의 원칙이고 다른 하나는 자기화의 원칙이다.

먼저 현재화의 원칙은 성경을 과거의 이야기가 아닌 지금의 이야기로 읽는 방식을 말한다. 과거의 사건은 결코 과거의 것이 아니다. 성경 속 모든 이야기는 지금의 이야기로 읽고 이해해야 한다. 그렇지 않으면 교훈이 가득한 하나의 역사 이야기에 지나지 않는다.

다음으로 자기화의 원칙은 성경 속 어떠한 사건, 어떠한 인물의 이야기를 읽더라도 자기의 이야기로 읽어야 함을 말한다. 아브라함의 이야기를 읽을 때는 아브라함처럼, 베드로의 이야기를 읽을 때는 베드로처럼 그렇게 독자 자신이 때로는 아브라함이 되고 베드로가 되는 것이다. 자기 동일시의 원칙이라고도 할 수 있다.

이 두 가지의 원칙을 잘 지켜 하나님의 말씀을 읽는다면, 성경 속 하나님의 말씀을 자기의 것으로 받아들이는 것이 불편하거나 어렵지 않다. 또한 성경의 흐름을 벗어나지 않고 영적 교훈을 바르게 찾아갈 수 있다. 그들의 이야기를 나의 이야기로 읽고 지금의 사건으로 읽는다면, 당시 그들을 통해 보여주셨던 하나님의 은혜가 오늘 우리들에게도 생생하게 다가올 수 있을 것이다.

하나님의 방식

위대한 족장들의 이야기 속에서 하나님의 방식이 아닌 세상의 방식과 자신의 방식을 선택하는 갈등과 충돌 속에서 엄청난 대가를 치르는 그들을 볼 수 있다. 그 때마다 하나님은 그들이 선택했던 방식과 자리에서 끊임없이 떠나게 하시고 그들의 변화를 이끌어 내셨다. 이전의 삶의 자리를 떠나 새로운 자리로 나아가게 하시면서 세상의 방식이 아닌 하나님의 방식을 익히게 하셨고, 마침내 땅에 속한 사람이 아닌 하늘에 속한 사람으로 살아가게 하신 것이다. 그들을 신앙의 역사에 잊혀 지지 않을 위대한 하나님의 사람으로 세워가셨다.

우리는 네 명의 위대한 족장들의 변화의 과정을 살피면서 하나님의 독특한 변화방식과 변화된 삶의 내용에 대한 통찰력을 키울 수 있다. 자신의 방식이 아닌 하나님의 방식으로 살다 간 믿음의 사람들의 이야기가 오늘 우리들 자신의 이야기가 되어야 한다.

성경의 관점으로 돌아가 보자.

성경은 변화의 방식과 기준을 인간에게 두지 않는다. 철저하게 하나님의 뜻과 방식을 기준으로 하고 있다. 다소 억울하게 들릴지 모르는 말이다. 하나님의 방식이든 내 방식이든, 어떤 방식이든지 나를 위한 것이라고 한다면 수용할 수 있을 것이다. 그런데 그 방식이 나를 위한 것이 아니라 하나님을 위한 것이라고 한다면 이야기는 달라질 수 있다.

우리 자신을 위한 변화가 아니라 하나님을 위한 것이라고 한다면 도대체 나는 무엇이냐고 반문할 수도 있을 것이다. 사실은 그렇지 않다. 하나님의 의도가 숨겨져 있을 뿐이다. 하나님의 요청으로서 하나님의 방식으로서의 변화는 역설적인 것이다. 하나님을 위한 자기변화는 결국 나를 사랑하시는 하나님의 뜻이 나에게 이루어지는 것이다. 즉 내가 기대하는 것 이상의 더 크고 더 놀라운 인생의 변화를 경험하게 되는 것이다.

따라서 하나님께서 원하시는 방식대로 자신의 삶을 바꾸어가고 변화시켜 나간다는 것은 우리에게 결코 손해일 수 없다. 오히려 더 크고 더 놀라운 축복의 삶을 경험하게 될 것이다. 그래서 역설적이다. 하나님의 변화의 방식 속에는 새로운 삶의 지평선을 여시는 하나님의 깊은 뜻이 숨겨져 있다. 그 분이 의도하는 방식대로 우리 자신을 변화시켜 나간다면 우리는 이 역설을 머지않아 경험하며 감사하게 될 것이다.

떠난다는 것

평범했던 한 인간에 불과한 그들을 위대한 족장으로 변화시켜 나가셨던 하나님만의 독특한 인간변화의 방식은 무엇인가? 그것은 다름 아닌 '떠남'이다.

성경에는 수많은 '떠남'에 대한 이야기가 기록되어 있다. 창세기에서부터 시작해서 요한계시록이 끝나는 순간까지 단 한순간이라도 이 '주제'를 벗어나지 않는다.

위대한 족장들의 이야기도 마찬가지이다. 아브라함을 비롯한 위대한 족장들의 이야기로부터 시작된 하나님의 방식은 바로 '떠나는 것'에 있었다. 이것이 인간을 변화시켜 가시는 하나님의 방식이다. 아브라함도, 이삭도, 야곱도 그리고 요셉도 그들의 인생이야기 중심에는 언제나 '떠남'의 이야기가 자리 잡고 있다.

떠난다는 것은 쉽지 않은 일이다. 새로운 변화, 새로운 시작, 자기성장과 성숙의 기회가 되는 줄 알아도 쉽지 않다. 떠난다는 것만큼 어려운 일이 또 어디에 있을 까? 모험이자 도전이다.

떠날 때 비로소 보이는 것들이 있다. 그들이 떠나서 다시 보게 된 것들이 무엇인지 성경은 우리에게 보여준다. 우리에게 다시금 그것에 도전하게 한다.

그것이 무엇일까? 이야기를 계속 이어가보자.

목차

추천의 글   **6**

여는 글   **8**

프롤로그   **10**

1부 – 아브라함의 이야기   01   부르심   **21**

02   자기한계   **42**

03   강을 건너온 사람   **60**

04   신앙과 반응   **77**

05   믿음의 고백   **88**

06   영혼의 어두운 밤   **94**

07   사람이 답이다   **99**

08   기다림   **106**

09   흔들리는 세상   **115**

10   갈등과 결단   **123**

2부 - 이삭의 이야기

3부 - 야곱의 이야기

4부 - 요셉의 이야기

11   우물 파는 신앙   136

12   사람답게 사는 길   152
13   이스라엘 - 영원한 이름   166

14   인간 요셉   180
15   작은 예수   191
16   꿈의 사람   204
17   마음 다스리기   213
18   위기와 반응   224

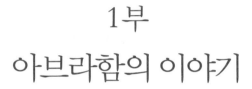

1부
아브라함의 이야기

01
부르심
(창12:1~5)

    누가 당신더러 이유도 영문도 모른 체 집을 떠나라고 한다면 어떻게 할 것인가? 수십 년 동안 고향 같이 정들었던 곳을 두고 떠나가라고 한다면, 선뜻 마음에 내킬 사람이 얼마나 될까? 기가 막힐 노릇일 것이다. 떠날 때 떠나더라도 이유는 알아야 할 것이다. 이유를 알아도 어디로 가란 말인가?

    아브라함이 그랬다. 이유도 영문도 모른 체 그는 길을 나서라는 말을 하나님께로부터 들었다. "내가 네게 지시할 땅으로 가라"라고 말씀하셨을 때 그곳이 어디인지에 대해서는 가르쳐 주시지 않았다. 그를 시험해 보신 것이다. 가야할 곳을 알지 못하는 가운데서도 가라는 하나님의 말씀에 순종하는 아브라함을 보시고 그제서야 하나님은 그 땅이 가나안 지역인 것을 가르쳐 주셨다. 아브라함은 하나님의 부르심을 받을 당시에는 어디로 가야할지 몰랐어도, 하란 땅을 나설 때는 어디로 가야할지 분명히 알고 길을 나선 것이다.

하나님은 아브라함을 막무가내 식으로 내몰지 않으셨다. 그의 신앙을 떠 보신 것이다. 길을 나선 단 하나의 이유가 있다면 하나님의 뜻이라는 점이다. 여기에서부터 위대한 아브라함의 역사가 시작된다. 그의 위대함은 '떠나는 것'에 있다. 그 중심에는 순종의 마음이 자리 잡고 있다.

'떠난다'는 것은 큰 결단을 요구한다. 결단은 결코 쉽지 않은 일이다. 더욱이 익숙한 삶의 자리를 뒤로 하고 떠난다는 것은 쉽지 않은 일이다. 그래서 순종의 삶에는 엄청난 자기갈등이 내재되어 있는 것이다. 순종에 이르기까지 갈등하지 않는 인간이 어디 있으랴!

아브라함의 순종에 대해서 성경은 침묵으로 처리하고 있다. 침묵은 내적 자기갈등을 포함하는 순종의 외적 표현인 것이다. 그래서 침묵의 순종이 위대한 것이다.

"떠나서 가라"는 하나님의 일방적 지시에 아브라함은 침묵의 순종으로 반응한다. 내적 자기갈등 속에서 빚어진 영롱한 진주 같은 순종이다. 자기갈등 없는 순종이라면 누구나 할 수 있는 순종일 것이다. 그것을 굳이 순종이라고 말할 필요도 없지 않겠는가!

부르심

    하나님은 나이 일흔다섯의 아브라함을 부르신다. 이왕이면 좀 더 일찍 그를 부르실 수 없었던 것인가? 이 때 쯤 이면 노년기로서 삶을 정리하고 평안하게 안식하는 시기이다. 가라고 명령하신 하나님의 말씀을 행동으로 옮기는 데는 적잖은 부담감을 가졌을 법한 나이이다. 그런데 아브라함에게는 그런 부담감은 전혀 찾아 볼 수가 없다. 그의 나이는 전혀 걸림돌이 되지 않았다. 걸림돌이 많은 사람들은 아브라함처럼 믿음의 역사를 이루기 어렵다.

    하나님의 요청 앞에 이런 저런 다양한 거절의 이유를 말하는 그리스도인들이 있다. 걸림돌이 되는 직장문제, 가정문제, 시간문제, 물질문제 등 중요한 이유들을 말한다. 그러나 이 모든 걸림돌을 스스로 디딤돌로 바꿀 수 있어야 한다. 스스로 결단하면 75세 나이도 걸림돌이 안 되는 것이다. 나이가 걸림돌이 안 되면, 고향 땅도, 친척들도 걸림돌이 될 수 없는 것이다.

    하나님께서 우리를 부르실 때가 있다. "보라 지금은 은혜 받을 만한 때요"(고후 6:2)라는 말씀처럼 하나님께서 아브라함을 부르신 것처럼 우리도 부르신다.

우리는 '이럴 때 불러주시지, 지금 사용해 주시지'라고 생각할 때가 있다. 불러주시면 열심히 하려고 마음먹고 있을 때는 불러주시고 않고 나이들어 힘들고 지쳐 있을 때 부르신다. 부르심 앞에 단순한 반응이 믿음이다. 그런데 우리는 참 복잡하다. 단순하게 하나님의 부르심에 결단하고 순종해야 한다.

단순한 반응

가야할 곳이 분명하면 떠나기는 쉬운 일이다. 사람들이 왜 못 떠나는가? 사람들이 떠나는 데에 망설이는 이유가 있다. 미래에 대한 확신이 없기 때문이다. 가야할 곳이 떠나야 할 곳 보다 훨씬 더 이상적인 곳이라면 주저하고 마다할 이유가 없다. 미래에 대한 확신이 없기 때문이다.

하나님은 아브라함에게 가야할 곳이 어디인지 가르쳐 주시지 않았다. 단지 내가 네게 지시할 땅으로 가라고만 하셨다. 복음의 근원이 될 것이라는 축복의 약속만 말씀하셨다. '가라'는 이 짧은 말 한마디로 하나님은 아브라함의 믿음을 시험하신 것이다. 알 수 없는 곳을 향해 떠난다는 것이 그렇게 쉬운 일이 아니다. 하나님에 대한 절대적 신뢰가 없다면 결코 행동으로 옮길 수 없는 일이다.

아브라함은 너무도 단순한 사람이었다. '가라'는 일방적인 하나님의 말씀에 어떠한 대꾸도 질문도 없다. 놀라운 일이다. 상식 밖에 반응이지만 이것이 그의 신앙의 가장 큰 특징이다. 그런데 무반응이 아니다. 그의 반응은 곧 언어가 아닌 행동으로 나타난다. 그는 "여호와께서 말씀하신대로 갔다"라고 히브리어 원문성경은 기록하고 있다.

아브라함의 이런 모습을 통해 우리의 일그러진 신앙의 자화상을 보게 된다. 그에 비해 우리는 너무도 복잡하다. 말씀하셔도 말씀대로 살지 않는다. 온갖 상상과 해석과 판단이 뒤따른다. 하나님의 말씀을 있는 그대로 가슴에 담지 못한다. 담지 못할 뿐만 아니라 말씀대로 살아내지도 못한다.

그에 비해 성경이 기록한 아브라함의 이 첫 모습은 이렇게 너무도 멋진 모습이다. 닮고 배우고 싶은 모습이다. 아브라함이 달리 아브라함이 아니다. 하나님에 대한 절대적 신뢰, 이것이 성경이 보여주는 아브라함의 인생의 시작이다.

단순할수록 힘이 있다. 신앙의 단순성을 회복하지 못하는 한, 우리의 신앙은 점점 더 힘을 잃고 말 것이다.

위대한 철학자 키에르케고르의 말이다.

"당신이 만약 하나님께 전적으로 순종한다면 당신에게서 모호한 말이 없어진다…… 그리고 당신은 하나님 앞에서 단순해진다…… 사단의 모든 궤계와 유혹의 모든 수단으로도 불시에 빼앗아 갈 수 없는 것이 하나 있는데, 그것이 바로 단순성이다."

신앙의 단순성이 가진 힘을 말하는 것이다. 교회도 물론이다. 추락하는 한국교회를 회복하는 길은 신앙의 단순성을 회복하는 것이다. 교회만큼 이질적인 공동체가 없다. 삶의 배경은 물론이거니와 가치관, 인생관, 심지어 신앙조차도 각양각색이다. 이 이질적인 공동체가 신앙의 동질성을 가진 공동체가 되기 위해서 추구해야할 것이 바로 신앙의 단순성이다.

말씀대로 사는 것에 대한 동질성을 가지지 못하면 교회는 이질성 때문에 혼란과 분열을 겪게 된다. 16세기에 종교개혁이 일어났다. 종교개혁의 핵심은 말씀으로 돌아가자는 것이다. 17세기에 시작된 유럽의 청교도 역시 말씀 중심으로 살자는 것이 그들의 신앙의 모토였다. 오늘날 개신교 즉 개혁교회는 이 종교개혁과 청교도의 신앙을 중요한 유산으로 삼고 있다. 즉 말씀대로 산다는 신앙의 단순성을 말하는 것이다.

주님께서도 분명하게 말씀하셨다.

"오직 너희 말은 옳다 옳다 아니라 아니라 하라 이에서 지나는 것은 악으로부터 나느니라"(마 5:37).

가라하면 가고, 서라하면 서는 것이 하나님 말씀대로 사는 것이다. 우리가 고백하는 것이 우리의 삶이 되어야 한다. 이것이 아브라함이 살았던 믿음의 방식이다. 그는 세속적인 관심을 넘어 영적인 관심을 가지고 길을 나선 믿음의 사람이다.

고향을 떠나라

고향을 떠난다는 것이 어떤 의미인가?

지금의 이라크의 수도인 바그다드 남쪽이 갈대아 우르이다. 그곳을 떠나 지금의 터키 중남부 지역인 하란 땅으로 이주하여 오랜 세월 아브라함은 그곳에서 거주했다. 그래서 고향이나 다름없는 곳이다. 그러나 그곳은 여호와를 섬기는 땅이 아니었다. 신앙의 문화가 아닌 세속의 문화가 가득한 곳이었다. 그곳에서 오랜 세월 산 아브라함에게 하란을 떠나라는 것은 불신앙의 자리, 하나님 없는 세속의 문화가 가득한 곳을 떠나라는 말씀이다.

'수구초심'(首丘初心)이라는 말이 있다. 여우도 나이 들어 죽을 때는 태어난 자기 굴 쪽으로 머리를 두고서 죽는다는 말이다. 사람에게 고향은 죽을 때까지 그리운 어머니 품과 같은 곳이다. 쉽게 잊지 못하고 떠나지 못하는 곳을 의미한다. 우리 삶에도 이런 것들이 있다. 절대 떠나지 못할 것 같은, 절대 잊지 못하고, 용서하지 못하고, 손에서 놓지 못하는 것들이 있다. 그것이 물질이든, 자기고집이든, 사고방식이든, 그런 것들이 있다. 벗어나기가 참 어렵다. 아브라함에게 하란은 그런 땅이었다.

하나님 없는 세속적인 자리에 빠질 때가 있다. 자기를 더럽히며 살아갈 것인지 아닌지를 결단해야 한다. 싸워서 이겨야 하는 일도 있고 피하고 떠나야 할 자리도 있다. 아무리 그 자리가 달콤하고 유익이 있어 보여도 하나님 없는 자리, 하나님을 잃어버리게 하는 자리라면 떠날 수 있어야 한다. 벗어나기가 쉽지 않지만 떠나야 한다.

미국의 여성 심리학자 러노르 워커(Lenore E. Walker)라는 학자에 의해서 연구되고 붙여진 용어, '매 맞는 아내 증후군'(Battered Woman Syndrome)이라는 말이 있다.

매 맞는 아내 435명을 조사한 결과, 그녀들의 심리정서가 3단계로 발전되는 것이 밝혀졌다. 첫 번째는 희생화 과정 단계, 두 번째는 폭력의 수용 단계, 세 번째는 폭력의 상대화 단계이다.

이런 단계를 거치면서 매 맞는 여성들은 끔찍한 폭력을 당하면서도 벗어나지 못한다는 것이다. 이를 '폭력의 중독화'라고 한다. 어떤 상황을 반복적으로 겪다 보면 특이한 심리상태에 빠지게 된다. 자신이 아무리 노력을 해도, 도저히 상황을 개선할 수 없을 것이라 믿게 되고, 그래서 결국 남편이 자신을 때릴 수 있는 권력을 순순히 인정하게 되며, 매를 맞는 것은 남편의 잘못이 아니라 자신의 잘못이라는 생각까지 하게 되는 것이다. 그래서 상황을 개선하려는 시도 자체를 포기해 버리게 되는 학습된 무기력을 가리키는 말이 바로 '매 맞는 아내 증후군'이다. 좋은 것이어서 못 벗어나면 이해가 되지만, 매 맞아 가면서도 못 떠나는 것을 보면 참으로 안타깝다.

우리에게도 그렇게 떠나지도, 벗어나지도 못하는 부분들이 있다. 그것을 성경은 고향 땅이라고 설명하는 것이다. 고향 땅과 같은 곳을 떠난다는 것이 여간 어려운 게 아니라는 의미다. 좋지 않은 언어적인 습관, 왜곡된 사고방식, 그릇된 행동양식, 부정적인 가치관 등 바꾸기가 참으로 어려운 것들이 우리에게도 많이 있다.

주님은 오늘도 우리에게 요청하신다.

"모든 무거운 것과 얽매이기 쉬운 죄를 벗어 버리고 인내로써 우리 앞에 당한 경주를 하며 믿음의 주요 또 온전하게 하시는 이인 예수를 바라보자"(히 12:1-2).

얽매여 있던 것을 과감하게 벗어나기 위해 우리에게 진정으로 필요한 것은 믿음의 결단과 성령의 도우심이다.

친척을 떠나라

인간관계만큼 어려운 일도 없다. 사람들에게 물어보면 일 때문에 스트레스 받기보다는 인간관계 때문에 더 많은 스트레스를 받는다고들 한다. 하나님께서 아브라함에게 "너의 친척을 떠나라"라고 하셨다. 여기서 친척을 떠나라는 말은 얽매여 있던 모든 인간관계로부터 벗어나야 하는 것을 의미한다. 사람에게 얽매여 사는 사람들이 너무도 많다.

키에르케고르는 "인간은 다른 사람들의 시선 속에서 죽음을 경험한다"라고 말했다. 수많은 인간관계 속에서 자기다움을 잃어버리고 사람들의 시선을 의식하면서 살아간다.

우리 한국 문화의 특징 중 하나가 바로 체면 문화이다. 체면문화는 사람에게 얽매이게 하는 문화이다. 다 나쁘다는 이야기가 아니다. 그러나 체면도 지나치면 결국 사람들은 이런 저런 사람들의 눈치를 보면서 살게 된다.

자기를 잃어버리고 자신이 원하는 데로 살지 못하고 다른 사람들이 원하는 데로 살게 되는 것이다. 체면문화 속에서는 다른 사람들에게 내가 어떻게 보이느냐가 대단히 중요하다. 하나님은 아브라함에게 인간관계에 얽매여 참된 자기를 잃어버리고 사는 것을 벗어나도록 명령하신 것이다.

아무리 위대한 신앙인이라도 인간은 인간인가 보다. 아브라함도 인간이기 때문에 실수와 흠이 있다. 하나님께서 아브라함에게 말씀하실 때 원문에는 단수로 되어 있다 즉 아브라함과 그의 직계가족만 데리고 떠나고, 친척들은 다 두고 가라는 의미이다. 하지만 아브라함은 조카 롯을 데리고 갔다. 이것이 큰 실수였다.

인간적으로 볼 때 조카 롯을 데리고 가는 것은 지극히 당연한 일이다. 하지만 아브라함은 철저하게 하나님께서 말씀하신대로만 행했어야 했다. 수없이 얽매여 있는 복잡한 인간관계를 단호하게 벗어나는 것에 대한 어려움을 보여준다.

우리는 때때로 인간의 정에 얽매여서 일을 그르칠 때가 있다. 인정에 얽매이다 보면 세상일은 물론이고 신앙생활도 제대로 못하게 되는 경우도 있다. 어떤 한 사람이 주님의 부르심에 대하여 "나로 먼저 가서 내 부친을 장사하게 허락 하옵소서"라고 했을 때 "죽은 자들로 자기의 죽은 자들을 장사하게 하고 너는 가서 하나님의 나라를 전파하라 손에 쟁기를 잡고 뒤를 돌아보는 자는 하나님의 나라에 합당치 아니하니라"(눅 9:59-62)라고 주님은 말씀하셨다. 이것은 자식도리, 가족도리를 하지 말라는 이야기가 아니다. 인간관계에 얽매여 참된 자기를 잃어버리고 살아가는 자신의 모습을 들여다보라는 것이다.

아버지의 집을 떠나라

예로부터 부모의 집을 떠난다는 것은 독립을 의미한다. 요즘은 나이 삼, 사십을 넘어서도 부모로부터 정서적, 경제적 독립을 하지 못하고 있는 자녀들이 많다. 이런 자녀들을 일컬어 캥거루족이라고 한다.

하기야 젊은 자녀들도 누군들 그렇게 살고 싶어서 그럴까? 젊은이들이 자신의 마음과 에너지를 쏟아 붓고 청춘의 패기를 불사를 환경과 기회가 생각만큼 다양하게 주어지지 않는 사회이니 그럴 수밖에 없을 것이다. 이태백이라고, 이십대의 태반이 백수라는 말은 그냥 나온 말이 아닌듯하다.

젊은이들의 결혼문제도 그렇다. 결혼의 여부는 본인의 선택의 문제이지만 독신으로 살겠다는 자녀를 두고 기뻐할 부모는 별로 없다. 그래서 요즘은 부모 곁을 잘 떠나는 것만 해도 부모에게 큰 효도하는 셈이다.

아브라함에게 아버지의 집을 떠나라고 한 것은 단순히 성인으로서 아버지의 품을 떠나는 것만을 의미하는 것이 아니라 신앙적으로 독립하는 것을 말한다. 수동적이고 소극적인 신앙생활에서 능동적이고 적극적인 자기주도형 신앙생활을 하라는 의미인 것이다. 부모로부터 물려받은 신앙적 유산을 스스로 지켜나가야 함은 물론 자신의 신앙을 스스로 세워나가고 지켜나갈 것을 말한다.

머물러 있는 신앙이 있다. 성장도 성숙도 없으며, 정체되어 있는 신앙인들이 있다. 건강하지 못한 신앙이다. 건강한 신앙은 성장과 성숙을 반복한다.

오늘 한국교회는 신앙의 유산이 전승되지 않는 심각한 문제를 안고 있다. 신앙의 대가 끊어지는 것을 곳곳에서 보게 된다. 자녀들의 영적 신앙적 위기는 자녀들의 위기가 아니다. 부모의 위기이다. 자녀교육의 위기가 아니라 부모교육의 위기이다.

신앙전승의 문제는 자녀에게 있지 않다. 있다하더라도 극히 일부다. 신앙전승의 대부분의 책임은 부모에게 있다. 자녀들에게 신앙의 유산이 얼마나 귀한 것인지를 보여주는 데 실패했기 때문이다.

아브라함의 이야기를 읽으면서 자녀들이 부모의 신앙을 물려받아 독립적으로 신앙을 얼마나 잘 지켜갈 수 있을 지에 대해 부모들은 심각하게 고민해야 한다. 신앙을 물려받아 부모의 곁을 잘 떠날 수만 있다면 참 행복한 일이다. 아브라함은 그렇게 부모에게로부터 물려받은 신앙을 잘 간직한 채 자기의 길을 떠났다. 우리는 아브라함에게서 그 부모로부터 신앙을 잘 물려받아 독립하는 모습을 보게 된다. 영적인 독립은 부모로부터의 경제적 독립보다 더 멋진 일이다.

가라

히브리어 성경원문에는 두 가지 명령뿐이다. 즉 '가라'와 '복이 될지라'

이다. '떠나라'는 말이 없다. '가라'는 말만 있다. 그를 처음 만난 자리에서 두 번씩이나 거듭하여 말씀하셨다.

그 말이 그 말 아니냐고 할지 모르겠다. 그러나 '떠나라'는 말과 '가라'는 말은 전혀 다른 시각의 말이다. '떠난다'는 말은 과거지향적인 단어이다. 두고 떠나야 할 것들을 먼저 생각하게 하는 단어이다.

'가라'는 미래지향적인 단어이다. 가야할 곳이 어디인지, 어떻게 가야할지를 먼저 생각하게 하는 단어이다. 우리의 시선을 미래로 옮겨 놓는 단어인 셈이다. 하나님은 이런 특별한 의도를 가지고 그에게 말씀하셨다.

그가 과거지향적인 사람이 아니라 미래지향적인 사람이기를 바라신 것이다. 동시에 두고 떠나야할 세상적인 것에 대한 관심보다는 가라고 하신 하나님의 말씀에 대해 영적인 관심을 갖도록 의도하신 것이다.

스스로 가라

하나님은 아브라함에게 가라고 말씀하실 때 "(스스로) 가라"고 명령하셨다. 한글성경에서는 빠져 있지만, 히브리어 원문에는 '스스로'라는 말이 포함되어 있기 때문이다.

"스스로 가라"는 말씀은 오직 하나님의 말씀만 붙들고 가라는 것이다. 하나님만 굳건하게 붙들고 의지하도록 주님은 다른 모든 것을 내려놓게 하실 때가 있다. 다른 것은 보지 않고 오직 하나님만 보게 하시는 것이다. 그래서 아무 것도 보이지 않을 때가 하나님께서 역사하시는 순간이 되기도 한다. 홀로 있는 순간이 하나님을 가장 깊이 경험할 수 있는 기회가 된다.

기독교 역사를 살펴보면 고독의 영성을 추구했던 위대한 신앙의 선배들이 많이 있다. 삶이 분주해지면 우선순위가 바뀌게 되고 의미를 잃어버리기 쉽다. 그래서 그들은 때때로 분주한 삶의 길목을 벗어나 철저하게 홀로 있는 장소를 찾아 떠나 고독한 시간을 지냈다.

그래서 고대 영적 스승들의 신앙을 사막의 영성 혹은 고독의 영성이라고 말한다. 수도자들은 아무도 없는 척박한 사막으로, 동굴로, 수도원으로 들어가서 몇 년씩 기도하고 하나님의 뜻을 구하고 깨닫기 위해 길고 긴 시간을 보냈다. 왜 그렇게 고독의 영성을 찾아서 사막으로 들어가는가? 그 이유는 하나님을 깊이 경험하고 만나고 싶은 신앙적 동기 때문이다.

세상과 담을 쌓고 산다는 것을 상상할 수 없는 지금 시대이지만, 오늘 우리는 너무도 분주한 현실 생활에 쫓기며 살아서 어느새 자기를 잃어버리고 주님을 제대로 만나지 못하고 사는 경우가 많다.

우리가 짐승처럼 쫓기며 살아도 짐승처럼 살 수는 없지 않는가! 홀로 있는 시간이 필요하다. 시간과 공간의 필요성은 물론이지만, 무엇보다 하나님과 나와 바른 관계를 세우기 위한 시간과 공간이 필요하다. 소외되고 고독한 순간인 것 같아도 때로는 홀로 있는 시간이 하나님을 만나기에 가장 좋은 기회인 것이다.

'보여 줄 땅'이라고 하셨다. 지금은 보이지만 않지만 믿음으로 가면 나중에 보게 되는 것이다. 보고 믿는 게 아니라 보지 않고 믿는 것이 참된 믿음이라고 주님은 말씀하셨다(요 20:29). 또한 "믿음은 바라는 것들의 실상이요 보지 못하는 것의 증거니"(히 11:1)라고 성경은 말한다.

여기서 '증거'라는 말은 헬라어로 '엘레그코스'(ἔλεγχος)인데, 그 뜻은 '확실한 물증'이다. 비록 육신의 눈으로는 보이지 않지만 영적인 눈으로 육신의 눈으로 보는 것과 같이 확실하게 보는 것을 의미한다. 즉 믿음의 눈으로 보는 것을 말한다. 하나님의 사람은 하나님의 것을 볼 수 있어야 하고, 하나님의 음성을 들을 수 있어야 하고, 하나님의 사건을 경험할 수 있어야 한다. 그것은 영적인 눈과 귀가 열려 있어야만 가능한 일이다.

본질로 돌아가라

"가라"는 하나님의 명령에 아브라함은 "말씀을 따라갔다"라고 성경은 기록하고 있다. 말씀을 따라갔다는 것은 무엇을 의미하는가? 단순한 순종적인 행동을 말하는 것이 아니다. 말씀은 신앙의 본질을 의미한다. 본질을 회복하라는 하나님의 명령인 것이다. 모든 삶의 기준인 하나님 말씀에 대한 회복을 의미한다.

네 명의 족장들에게서 공통적으로 발견할 수 있는 것이 있다. 그들이 성공적인 인생을 살았던 비결의 핵심은 그들 모두가 결국 하나님의 말씀대로 살았다는 것이다. 이것이 본질이다.

오늘 우리 그리스도인들은 본질을 잃어버리고 수많은 자기 이야기 속에서 살아가고 있다. 자신의 인생 속에 자기 이야기가 아닌 하나님의 이야기로 채우는 것이 본질의 회복이다. 그 하나님의 이야기가 다른 이들에게 전해져야 참으로 가치 있는 인생이라고 할 수 있다.

믿음의 조상

하나님께서는 아브라함의 무엇을 보고 믿음의 조상이 되도록 하시겠다고 약속하셨을까? 놀라운 것은 이런 하나님의 축복의 말씀 이전에 아브라함에게서 하나님의 선택을 받을 만한 그 어떠한 삶의 내용도 발견할 수 없다는 점이다. 영적 탁월함이나 인간적 위대함을 전혀 찾아 볼 수 없다. 글자 그대로 어느 날 갑자기 아브라함에게 나타나셔서 위대한 축복의 사명을 주신 것이다.

이러한 점은 우리로서는 감사해야 될 부분이다. 아브라함을 선택하신 하나님께서 동일한 방식으로 우리 역시 선택하시기 때문이다. 아브라함에게 영적 탁월함과 뛰어난 세상적인 능력이 있어서 그것을 기준으로 아브라함을 선택하셨다면 우리로서는 무척 부담스러운 일일 것이다. 그런 자격을 갖추지 못하면 축복도 받기 어렵기 때문이다.

하나님께서는 아브라함을 선택한 그 어떠한 기준도 말씀하시지 않는다. 오직 여호와에 대한 신앙을 제외하고서는 그 어떠한 기준도 찾아보기 어렵다. 이것이 바로 하나님께서 사람을 선택하시는 방식이다 아브라함이 처음부터 믿음의 조상으로서 선택받은 것이 아니라, 부르심의 명령에 순종했기 때문에 믿음의 조상이 된 것이다. 부름은 받았지만, 그 부르심에 대한 합당한 삶이 이어지지 않으면 그런 일컬음을 받을 수가 없다.

이삭을 드리기 이전에 이미 아브라함은 철저한 순종의 사람이었다. 그래서 이삭을 드리는 일조차도 가능했다. 순종은 신뢰를 바탕으로 한 신앙의 핵심이다. 하나님을 어떻게 믿고 어떻게 섬길 것이냐에 대한 원형과 모델이 아브라함이다. 우리는 믿는 것과 사는 것이 다르고, 아는 것과 말하는 것이 다른 인생을 산다. 이것이 우리의 현실이고 갈등이다.

하나님 경험

아브라함은 하나님의 명령에 순종하여 하란을 출발하여 가나안까지 왔다. 고향인 갈대아 우르를 떠났던 아브라함은 제 2의 고향인 하란을 또 다시 떠난다. 갈대아 우르에서 하란까지의 거리는 무려 1000km이다. 부산서

서울까지의 거리가 430km이므로 상당히 먼 거리임을 알 수가 있다. 또 하란에서 가나안까지가 600km이다. 무려 1600km를 그 시대 유일한 교통수단인 낙타를 타고 가는 것이다.

그 길도 순탄하지 않고 사막을 지나야만 한다. 중간에 유프라테스 강이 있고 곳곳에 베두인 족들이 산다. 그들은 검은 옷을 입고 칼을 허리에 차고 사는 사람들이다. 그들에게는 사막 지역에서 훔치고 죽이는 것이 도덕적으로 나쁘다는 개념조차 없었다. 왜냐하면 사막에서 베두인들의 최고의 선은 살아남는 것이기 때문이다. 그들에게 있어서 생존을 위해 살인하는 것은 윤리적으로 정당한 것이었다. 이러한 상황에서 가나안까지 그 길을 간다는 것 자체가 보통 모험이 아닌 것이다. 마치 사지(死地)로 나아가는 것과 같은 것이었다. 이미 아브라함은 고향인 갈대아 우르를 떠나온 쉽지 않은 경험을 가지고 있다. 또 다시 그 만큼의 길을 떠난다는 것이 얼마나 어려운 일인지 알고 있는 터이다. 그런 그가 "떠나서 내가 지시하는 땅으로 가라"는 하나님의 한마디에 순종한 것이다. 그래서 그의 신앙의 가장 큰 특징을 가리켜 순종하는 신앙이라고 말하는 것이다.

그런데 같이 길을 떠났던 아브라함과 조카 롯의 이야기가 서로 사뭇 다르게 비교된다. 간단하게 말한다면, 아브라함과 롯의 가장 큰 차이점은 하나님 경험에 대한 것이다.

아브라함은 자기 삶 속에서 하나님에 대한 체험을 가지고 있었다. 그러나 롯의 경우는 달랐다. 듣고 배운 하나님이지 자신이 직접 체험하고 경험한 하나님이 아니다. 듣고 배운 것과 직접 체험한 것과는 하늘과 땅 차이만큼이나 다른 것이다.

결정적인 것은 확신의 차이다. 아브라함은 하나님의 직접적인 부르심의 음성을 듣고 믿음의 확신으로 어려운 길을 떠났다. 그 이후로 어떤 환란과 시련이 와도 자기체험이 있었기 때문에 잘 견딜 수 있었다. 그러나 동행했던 조카 롯은 달랐다. 그는 하나님으로부터 직접 지시를 받은 것도 아니고 자기체험도 없이 삼촌을 통해서 들은 이야기뿐이었다. 결국 아브라함과 롯 사이에 갈등이 생겨서 하는 수 없이 헤어지게 된 것이다. 믿음 있는 자와 믿음 없는 자와의 대화와 공존을 한번 생각해 보자. 둘 사이에 얼마나 많은 간격과 갈등이 있었을까!

기독교를 가리켜 체험의 종교라고 말한다. 신비적 경험이 아닌 일상을 살아가는 모든 순간이 하나님을 경험하는 통로가 된다. 영적 경험은 결국 자기신앙고백으로 이어지게 된다. 하나님 은혜에 대한 자각 또는 경험 없는 신앙은 결국 생명력을 잃어버리게 되는 것이다.

믿음 있는 자와 믿음 없는 자가 같이 할 수 없는 것이다. 믿음으로 말하는 사람과 믿음 없는 사람의 이야기는 서로 타협점을 찾기가 어렵다.

교회 안에도 두 부류의 성도들이 있다. 하나는 하나님을 믿는 사람이다. 다른 하나는 하나님을 만난 사람이다. 하나님의 사람은 하나님과의 만남의 사건 즉 경험이 있어야 한다. 인격적 만남이든, 말씀을 통한 은혜에 대한 경험이든 하나님에 대한 만남의 경험이 있어야 한다. 우리 인생의 최고의 경험은 하나님을 만나는 경험이다. 다른 것이 비극이 아니다. 그리스도인이지만 하나님에 대한 경험이 없다는 것이 인생 최대의 비극이다.

02
자기한계
(창 12:10-20)

아브라함은 처음부터 믿음의 조상으로서 합당한 신앙의식과 정신세계를 갖춘 것이 아니다. 하나님께서 이끄시는 환경의 변화를 경험하면서 그속에서 그의 신앙이 성숙해지고, 영적으로 깊어진 것이다. 믿음의 조상 아브라함도 처음에는 실수가 많았지만 시간이 흐르면서 다듬어진 것이다.

환경의 변화

얼마 전에 모 기업 핵심 디자인팀에서 나온 이야기를 직접 들을 기회가 있었다. 기업이 변화되는 것은 혁신(renovation)을 통해서라는 것이다. 기업의 이미지를 7년 주기로 새롭게 한다고 한다. 왜냐하면 사람들이 7년 동안 쳐다보다가 그 다음부터는 식상해하기 때문이다.

7년을 주기로 조금씩 변화를 준다고 한다. 내용은 똑 같지만 포장을 바꾸는 것이다. 그렇게 하면 사람들이 뭔가 달라지고, 훨씬 더 좋아 보이고, 새로운 게 들어온 것 같이 느낀다는 것이다. 그래서 대중의 호기심을 자극하고 관심을 불러일으켜서 마침내 소비심리를 자극하게 되고 매출이 올라간다고 한다.

사람들의 의식을 바꾸기가 쉽지 않기 때문에 형식, 제도, 절차 때로는 겉모양을 바꿔서 의식과 생각을 바꾸고 기업에 대한 인식과 상품에 대한 이미지를 새롭게 한다는 것이다.

심리학에서도 사람의 생각과 의식을 바꿔야 진정으로 사람이 달라지고 변화된다고 본다. 생각을 바꾼다는 게 쉽지가 않다. 그래서 행동을 교정하고 수정하는 '행동주의 치료법' 혹은 '게쉬탈트(gestalt) 치료법'을 사용한다.

한국과 미국의 여러 대학에서 실험을 위하여 나이든 어르신들을 두 그룹으로 나눴다. 얼마동안 한 그룹은 평소 늘 입던 옷을 입게 하고 다른 한 그룹은 새 옷을 입고 지내도록 했다. 그것도 아주 빨갛고 노란 천연색상으로 된 새 옷을 본인들에게 아무런 설명도 없이 입혀드렸다. 그리고 하루하루를 관찰했다. 실험을 했던 서울대학교에서는 일주일 동안 지켜봤고 미국에서는 한 달 동안 그렇게 옷을 입고 살도록 하면서 지켜봤다. 서울대학교에서는 어르신들 약 100명 정도를 대상으로 실험을 했고, 미국의 한 대학에서는 한 5년 동안 1500명 정도를 대상으로 실험을 했다. 놀라운 것은 새 옷을 입고 지낸 어르신들 가운데 90%정도가 "이전 보다 더 건강해지고 기분이 좋아졌다"라고 대답을 한 것이다. 아주 밝고 산뜻한 색상의 옷 하나 바꿔 입었지만 그 노인 분들의 생각, 기분이 얼마든지 달라지고 바뀔 수 있다는 연구결과를 얻은 것이다.

환경을 바꾸면 생각이 바뀌게 되는 경우가 대단히 많다. 의식, 정신자세, 가치관, 인생관 등이 환경이 달라지면서 바뀔 수 있다는 것이 증명된 것이다.

하나님은 믿음을 위해 아브라함의 환경을 바꾸시기 위해서 떠나게 하신 것이다. 우리 역시 믿음을 새롭게 하기 위한 삶의 환경의 변화가 필요할 때가 있다.

의식의 개혁

인간 역사의 모든 개혁은 두 가지 방향으로 진행이 된다. 의식의 개혁과 제도의 개혁이다. 그런데 순서가 있다. 의식의 개혁이 먼저이고 제도의 개혁이 그 다음이다. 개인, 가정, 회사, 국가 공동체 등 모든 곳에 동일하게 적용이 된다. 경우에 따라서 순서가 바뀌는 경우가 있기도 하지만 대부분은 의식의 개혁이 먼저이다.

교회 공동체를 포함한 모든 공동체가 성공하려면 세 가지 원칙이 있어야 한다.

첫째, 동질의 신앙, 즉 신앙의 질이 같아야 한다. 심지어 부부도 신앙의 질이 다르면 문제가 생긴다. 같은 교회에서 신앙생활을 하면서도 신앙의 성격이 너무 달라 갈등을 겪는 교인들도 있다.

둘째, 합의된 목표가 있어야 한다. 이를테면 사명의식이 같아야 하는 것이다. 마음을 모아 기도하는 합의된 목표, 목표의식이 분명해야 성공적인 공동체가 될 수 있다.

셋째, 공동체가 성공적으로 운영되려면 합리적인 경영이 있어야 한다. 교회가 신앙공동체라고 해서 일을 두서없이 해서는 건강하게 성장할 수도, 사명을 감당할 수도 없다. 회사일 경우에는 경영원칙, 교회일 경우에는 목회원칙이 분명해야 한다. 교회경영에 대한 분명한 철학과 원칙이 없으면 시장바닥 같이 되고 힘이 없어진다. 교회가 작아도 분명한 철학과 원칙이 있으면 힘이 있는 것이다.

교회공동체를 바꾸어 갈 때도, 의식의 개혁부터 시작해서 제도의 개혁 순으로 나아가야 한다. 개인은 물론 지금 한국교회는 의식개혁과 제도개혁이 절실하게 요구되는 시대이다.

성경에서도 이런 점을 분명히 하고 있다. "너희는 옷을 찢지 말고 마음을 찢고 너희 하나님 여호와께로 돌아올지어다"(욜 2:13)라는 말씀에서 마음(의식의 개혁)을 먼저 바꾸고 옷을(제도의 개혁)을 찢으라는 것이다. 내면의 변화가 먼저이고 그 다음 환경을 변화시켜야 한다는 의미이다. 물론 이두 가지는 상호보완적이다. 사람은 환경의 영향을 받고 지배를 받게 된다.

'맹모삼천지교'(孟母三遷之敎)라는 말도 환경을 바꾸면 생각도 바뀐다는 말이다. 그래서 사람의 생각과 마음이 잘 변화되지 않을 때 환경을 한번씩 바꿔주면 도움이 된다. 하나님도 환경을 바꾸신다. 아브라함의 환경을 바꾸시면서 변화를 이끌어내신 것이다. 아브라함의 내적 변화를 이끄셨다. 고향의 땅, 친척 그리고 아버지의 집을 떠나 가나안 땅으로 보내셨다. 환경을 바꾸셨지만 사실 의식을 바꾸시는 것이다. 일반적으로 하나님은 형식, 제도, 절차 등 겉모양을 바꾸기 보다는 내면세계의 영적인 변화를 우리에게 먼저 요청하신다.

"너희는 이 세대를 본받지 말고 오직 마음을 새롭게 함으로 변화를 받아 하나님의 선하시고 기뻐하시고 온전하신 뜻이 무엇인지 분별하도록 하라"(롬 12:2).

성경에서 말하는 개혁은 의식과 마음의 개혁이 먼저이다. 그 다음 제도와 행위의 개혁으로 이어진다. 이 두 가지는 서로 연결되어 있다.

"이와 같이 행함이 없는 믿음은 그 자체가 죽은 것이라 어떤 사람은 말하기를 너는 믿음이 있고 나는 행함이 있으니 행함이 없는 네 믿음을 내게 보이라 나는 행함으로 내 믿음을 네게 보이리라 하리라 네가 하나님은 한 분이신 줄을 믿느냐 잘 하는도다 귀신들도 믿고 떠느니라 아아 허탄한 사람아 행함이 없는 믿음이 헛것인 줄을 알고자 하느냐 우리 조상 아브람이 그 아들 이삭을 제단에 바칠 때에 행함으로 의롭다 하심을 받은 것이 아니냐 네가 보거니와 믿음이 그의 행함과 함께 일하고 행함으로 믿음이 온전하게 되었느니라"(약 2:17-22).

믿음과 행위, 마음과 실천, 의식과 제도 중에서 어느 것이 먼저냐를 따지기 이전에 이 두 가지는 같이 가야 건강하고 온전하게 변화된 삶을 살 수 있다. 그렇지 않으면 건강하지 못한 기울어진 신앙이라고 할 수 있다.

실수도 한두 번

결론적인 관점에서 아브라함은 믿음의 조상이라는 일컬음을 받았지만, 부분적으로는 참 실수가 많았던 사람이다. 아브라함에게 크게 네 가지의 실수가 있었다.

첫째는 조카 롯을 데리고 간 것, 둘째는 가나안 땅을 주시겠다는 약속에도 불구하고 애굽 땅으로 간 것, 셋째는 아내를 누이동생이라고 속인 것, 넷째는 후사가 없을 때 인간적인 방법으로 이방 여인을 취해서 아들을 낳은 것이다.

이 실수들에 대해 하나님은 각각의 대가를 치르도록 하셨다. 첫 번째 실수에 대해서는 삼촌과 조카 사이가 갈라지는 아픔을 겪게 하셨다. '가화만사성'(家和萬事成)이라 했는데, 대가족 중심제도 시절에 삼촌과 조카는 한 마을에서 같이 사는 것이 당시 관습이었다. 씨족사회, 부족사회의 특징이다. 그런 관계에서 아예 삶의 자리 자체를 서로 떠나게 되는 집안의 불화를 겪게 된 것이다.

두 번째와 세 번째 실수에 대해서는 애굽에 내려가서 집안이 멸절당할 뻔한 위기를 겪게 되었다. 네 번째 실수에 대해서는 자식들이 서로 원수가 되는 큰 대가를 치르게 되었다.

이러한 큰 실수에 대해 대가를 치르게도 하셨지만 하나님은 그를 구해 주시고 믿음의 조상이 될 수 있도록 인도하셨다. 사람은 누구나 실수 할 수 있다. 문제는 실수를 빨리 깨닫고 돌이킬 수 있어야 하는데, 어떤 사람은 실수한 것을 잘 모르고 깨닫지 못하는 사람이 있는가 하면, 빨리 깨닫고 원래의 자리를 회복하는 사람도 있다.

아브라함은 위기를 겪으면서 자신의 실수를 빨리 깨닫고 돌이켰다. 애굽에서 큰 위기를 겪고 난 뒤에 바로 깨닫고 하나님께서 주시겠다고 하셨던 가나안 땅으로 되돌아 왔기 때문이다.

믿음의 조상이라는 점 때문에 아브라함의 실수는 한편으로는 조금 가려져 있다. 실수 한 것이 문제가 아니라 실수가 반복된다는 점이 문제다. 어느 신학자는 아브라함의 실수만 해도 30여 가지 이상을 찾아볼 수 있다고 주장한다. 여기서 우리는 믿음의 조상으로서의 아브라함이 아닌 인간 아브라함의 연약함을 보게 된다. 그 속에서 우리 자신의 모습을 보게 된다. 우리도 때때로 상식밖에 실수를 하지 않는가? 알면서도 말이다.

믿음의 조상이 되게 하시겠다는 하나님의 약속의 말씀이 있은 뒤 아브라함은 연이어 두 번씩이나 큰 실수를 하게 된다.

약속의 말씀을 듣는 순간에는 감사가 벅차올랐을 것이다. 우리식으로 표현한다면, 날아갈 것 같은 기분에 "감사합니다"라는 말을 연발했을 것이다.

그러나 현실을 바라보자 아브라함은 암담해졌다. 그가 들어간 가나안 땅에는 이미 가나안 사람들이 자리를 차지하고 있었다. 충격이었을 것이다. '하나님께서 약속하신 축복의 땅이 고작 이런 것이었나'하고 의심했을 것이다. 먼저 자리 잡고 있던 이방족속, 더 정확하게는 철기문화를 가진 거인족속으로 알려진 블레셋을 포함한 여러 이방족속들이 있었던 것이다.

그런 현실과 상황을 지켜본 아브라함의 마음은 어떠했을까? 가슴 벅찬 감정과 기대가 한순간 무너지는 것을 경험했을지도 모르는 일이다.

우리도 하나님의 말씀 들을 때는 은혜가 되고 도전이 되지만 가정과 삶의 터전인 세상에 나가보면 말 같이 쉽지 않다는 것을 알 수 있다. "할 수 있거든이 무슨 말이냐 믿는 자에게는 능치 못할 일이 없느니라"(막 9:23)는 말씀에 우리는 "아멘"하고 세상에 나가지만 못할 일이 더 많은 현실을 보게 된다. 삶의 현장에서 안 되는 일이 더 많다는 것을 경험하면서 약속의 말씀에 대한 믿음과 소망이 식어져 버리는 것이다.

하나님께서 주시겠다고 하신 땅이 가나안 땅이고 그곳이 약속의 땅인데 점점 남방으로 내려가기 시작했다. 여기서 남방은 애굽을 말한다. 즉 애굽 땅에 가까운 쪽으로 이동한 것이다. 당시 애굽은 흔히 하는 말로 대도시고, 큰 문명의 중심지다. 도시의 유혹이 있는 자리이며 세속의 유혹이 있는 자리이다. 그래서일까? 현실을 보는 그의 믿음이 힘을 잃어버렸다. 엎친데 덮친 격으로 기근까지 찾아왔다. 마침내 현실적인 선택을 하게 된다.

당시 가나안 땅에 큰 기근이 들자 아브라함은 식솔들을 데리고 애굽으로 이주하게 된다. 살기 위해서 선택한 길이었지만, 하나님의 약속을 가볍게 여긴 것이다. 아브라함이 이방족속에 대한 두려움과 기근의 고통을 뒤로 하고 화려한 도시문명과 세속의 유혹에 이끌려 애굽으로 흘러들어간 것이다.

그는 결국 가나안을 떠나 점점 남방으로 옮겨가며 애굽에 도착했다. 하나님은 가나안 땅을 아브라함에게 주시겠다고 분명하게 약속 했지만, 그 약속을 믿지 못하고 아브라함은 현실적인 선택을 따라 남방으로 간 것이었다.

그래서 대가를 치르게 된다. 바로 왕 앞에서 아내 사라의 일로(누이동생이라고 함) 가족이 멸족을 당할 뻔 한다. 살기 위한 선택이 위기를 초래한 것이다. 다시 돌이켜 애굽에서 네게브를 거쳐 가나안 땅으로 되돌아오게 된다. 처음 예배드리고 정착했던 벧엘로 돌아온 것이다.

실수 많은 아브라함에게서 보게 되는 것은 그의 많은 실수가 아니라 실수 후 그 즉시 돌이키는 아브라함을 본다는 데 감동이 있다. 하나님은 의인을 찾으시는 것이 아니라 회개하는 죄인을 찾으시는 것이다. 그를 통해 하나님의 역사를 이루어 가신다.

비겁한 남편

비겁한 사람이 있다. 사람들 앞에서는 그럴싸하게 말하지만 뒤돌아서서는 자신의 유익을 위하여 말을 바꾸고 행동을 바꾼다. 양심의 가책도 별로 느끼지 못한다. 그런 사람이 멀리 있지 않다. 세상은 물론 교회 안에도 있다. 내 남편일수도, 내 아내일수도, 내 자녀일수도, 내 부모일수도 있다. 친구라면 다시 안 볼 생각하면 된다지만, 가족이라면 이야기는 달라진다.

아브라함은 한 때 참 비겁한 남편이었다. 남방 애굽에서 아브라함의 불신앙, 잘못된 선택 때문에 그의 가문이 멸족당할 뻔한 큰 위기를 겪게 된다. 애굽의 왕 바로에게 아내 사라를 누이동생이라고 속였다가 발각된 사건이다.

아브라함의 아내 사라는 상당한 미모를 지녔던 것 같다. 사실 아내를 빼앗길 뻔한 위기 속에서 남편의 도리와 역할이 무엇인가? 자신의 생명을 바쳐서라도 기꺼이 아내를 구하는 것이 남편의 도리이다. 그런 점에서 볼 때 아브라함은 참 배짱 없는 남편이다. 그런 남편을 보는 아내 사라의 마음도 답답했을 것이다. 아니 얼마나 실망스러웠을까?

성경에는 기록되어 있지 않지만 아내 사라의 입장에서 볼 때 참 한심했을 것이다. 아브라함이 믿음의 조상이라고 해서 완벽한 남자로 알면 큰 오해이다. 다행히 집안이 멸족당할 위기 가운데서 하나님께서 바로의 손에서 건져 주셨다. 이것이 하나님의 은혜다.

하나님께서 거의 빼앗길 뻔한 아내를 찾아 주셨다. 하나님이 찾아주시지 않았다면 끝난 것이었다. 하나님은 사라에게서 메시야가 태어날 것이기 때문에 찾아주신 것이다. 하나님이 봐 주신 것이다. 하나님은 우리가 마음에 들 때만 우리의 아버지가 아니라 우리가 어리석은 짓을 할 때도 긍휼히 여기시면서 도와주시는 분이시다.

우리도 마찬가지이다. 믿음을 가지고 살지만, 세상에서 이런 저런 장벽과 시련을 만나면서 믿음은 사라지고 현실적인 선택을 하면서 살 때가 있다. 믿는 것 따로, 사는 것 따로, 그렇게 살 때가 있다. 비겁해지는 것이다. 말씀대로 살지 못하는 자신의 비겁함에 대해서 우리는 스스로 자신과 싸워 이겨야 한다. 말씀대로 살려고 애쓰는 것이 용기이다. 그래서 믿음은 용기 있는 자의 것이라고 말하는 것이다.

그 남편의 그 아내

부부는 평생을 같이 살면서 여러 점에서 서로 좋은 친구 같은 관계를 유지해야 한다. 영적인 역할은 물론이다. 하나님은 부부를 서로 돕는 배필로서 창조하셨다. 서로의 단점과 약점을 보완할 수 있는 관계이어야 한다. 남편이 시험에 들면 아내가 깨우쳐 주고, 아내가 약해지면 남편이 위로하고 격려할 수 있어야 한다.

아브라함의 부부는 같이 넘어졌기 때문에 문제가 생긴 것이다. 천추의 한을 남기는 아브라함의 실수는 아내의 간청도 아닌 바가지로부터 시작이 된다.

아브라함의 아내 사라는 뛰어난 미녀이지만 자식을 낳지 못했다. 하나님께서 한 사람에게 모든 것을 주시지는 않는 것 같다. 자식을 낳지 못하는 것이 요즘이야 큰 문제가 되지 않지만 그 시대는 그렇지가 않았다. 그 시대에는 남자가 자식을 두지 못하고 죽으면, 죽어서 조상 앞에 설 수 없다는 문화적인 전통이 있었다.

사라가 자신이 스스로 자식을 낳을 수 없음을 알고 자신의 몸종 하갈을 남편에게 보내어 후사를 보려고 했다. 당시에 몸종에게서 낳은 자식 역시 정실 부인의 자식으로 받아들였던 시대였다. 몸종의 입장에서는 자식 낳아 안주인에게 상납하는 셈이다. 사라는 그런 방법을 남편에게 권했다.

아내의 입장에서는 자식 낳지 못하는 서러움에 그렇게 말할 수 있겠지만, 영적으로는 바른 생각이 아니었다. 당시 여성이 아들을 낳지 못하는 것은 여인의 입장에서는 상당한 위기를 초래할 수 있었다. 아브라함은 아내를 위로하면서도 하나님의 약속을 기억하도록 했어야 했다. 하나님께서 자식을 주시고 그 후손이 별과 같이 번성하도록 해 주시겠다는 약속을 상기시켜야 했었다. 그리고 기다려보자고 따뜻한 말로 자식 없는 서러움을 겪던 아내 사라를 위로했어야 했다. 그렇게 했더라면 사라가 얼마나 고마웠겠는가? 아마도 하늘 같은 남편이라고 생각하며 위로 받고 그런 남편을 마음으로 더 존경하고 잘 섬겼을 것이다. 안타깝게도 아브라함은 아내의 그런 말에 박자를 맞추었다. 큰 실수였다.

여종 하갈은 임신이 되자마자 자기 주인에 대한 태도가 달라졌다. 주인 사라를 무시하는 것이다. 이 때문에 사라와 몸종 하갈 사이에 심각한 불화가 생겼다. 아브라함은 일이 그렇게 커질 줄은 몰랐을 것이다.

사라와 하갈 사이에 갈등이 심해지는 가운데 아들 이스마엘을 낳았다.

그 이스마엘의 후손이 지금의 무슬림, 이슬람교의 후예들이다. 그래서 천추의 한이라고 하는 것이다.

아브라함의 잘못된 선택의 결과가 유대인과 무슬림 사이에서 지금 피를 부르는 갈등으로 이어지고 있는 것이다. 지금까지의 갈등도 엄청난 것이지만, 이 갈등은 갈수록 더해만 가고 있다.

미국의 문명학자 헌팅톤이 쓴 '문명의 충돌'이라는 책이 있다. 그 내용은 21세기에는 국경과 국가개념은 얕아지는 대신에 문명, 문화, 종족간의 충돌이 심해진다는 것이다. 문명충돌의 대표적인 것이 종교의 갈등인데, 그 중에서 가장 걱정되는 바가 기독교와 이슬람 간의 충돌이라고 하였다.

공산주의나 자본주의 같은 정치 이데올로기는 사라져 가고 문명의 충돌 즉 종교의 충돌이 심각해 질 것이라는 분석이다. 이것이 바로 이삭의 자손과 이스마엘의 자손의 갈등인 것이다.

잊히지 않는 감사

아브라함은 하나님의 말씀을 받들어 하란 땅을 벗어나 마침내 가나안 땅에 들어가게 된다. 여호와께 제단을 쌓고 감사한 마음을 제사로 표현하였다.

"여호와께서 아브람에게 나타나 이르시되 내가 이 땅을 네 자손에게 주리라 하신지라 자기에게 나타나신 여호와께 그가 그 곳에서 제단을 쌓고"(창12:7).

나는 이 장면을 읽을 때마다 떠오르는 추억 하나가 있다. 나는 외할머니를 참 좋아했다. 외할머니께서는 우리 집에 오실 때마다 자리도 잡기 전에 가방에서 제일 먼저 사탕, 과자 등을 꺼내어 나에게 주셨다. 한 번도 빈손으로 오신 적이 없으셨다. 처음에는 사탕이 좋았는데, 나중에 철들어서는 사탕 너머에 있는 할머니의 사랑이 그리워지는 것이다.

하루는 시장에 할머니와 같이 갔다. 어느 순간 사탕이 즐비하게 쌓인 가게에 앞에서 나는 침을 흘리고 있었다. 이내 외할머니께서는 나에게 사탕을 사주셨다. 그런데 외할머니께서 아무것이나 사서 나에게 쥐어 주신 것이 아니다. 사 주시기 전에 "네가 먹고 싶은 걸 골라라"고 하셨다. 그래서 철없던 나는 사탕 하나를 고르지 않고 종합선물세트 같은 것을 집어 들었다. 종합선물세트는 명절에나 사들고 가는 것이었다. 외할머니는 조금도 다른 내색하지 않으시고 웃으시면서 "그게 먹고 싶냐? 그래 내가 사 주마"라고 하셨다. 그 순간 그 장면이 나는 평생 잊히지 않는 추억거리가 되었다. 종합선물세트가 아니다. 할머니의 사랑이 평생에 남을 추억으로 내 마음에 새겨진 것이다.

아브라함이 가나안 땅을 처음 밟고 마음에 들어 하자, 하나님께서 "내가 이 땅을 너와 네 자손에게 주겠다"라고 하시면서 약속하셨다. 아브라함 가슴에 평생 기억에 남을 축복이다. 아브라함은 제사로 반응했다. 감사의 제사인 것이다.

하나님은 우리가 기대하는 것 이상의 것을 허락하시는 분이다. 그러나 우리는 감사의 조건을 우리 안에서 찾는다. 자기기준을 말하는 것이다. 수많은 감사의 조건을 가졌음에도 불구하고, 자기기준에 비추어 채워지지 않은 것 하나 때문에 수많은 감사의 조건을 잃어버린다. 약속을 이루어주신 하나님 앞에 감사의 제사를 드린 아브라함의 모습이 바로 우리의 자화상일 수 있어야 한다.

벼랑 끝에서 하늘을 보다

벼랑 끝이 때로는 위기이지만, 때로는 우리의 시선을 오직 한곳으로 집중하게 한다. 유일한 탈출구인 하나님께 집중하게 하는 것이다. 아브라함은 위기의 순간마다 벼랑 끝에서 하나님께 집중하고 하나님을 만나고 그의 신앙을 회복한다. 벼랑 끝은 하나님을 경험하는 또 다른 은혜의 자리가 된다. 이것이 벼랑 끝에 내몰리면서도 하나님을 기대하는 믿음을 버리지 않아야 할 이유이다.

아내의 절망

나는 종종 아브라함의 이야기를 읽으면서 생각한다. 아브라함이 목숨을 유지하려는 명분에서 아내인 사라에게 누이동생이라고 신분을 감추도록 권했다는 사실은 그나마 이해할 수 있다. 하지만 아내 사라의 심정은 어떠했을까? 애굽의 바로 왕과 결혼할 뻔했던 아내의 입장에서 남편에게 혹 서운한 감정은 없었을까?

남편을 잃어버린 여성보다는, 남편의 사랑을 잃어버린 여성이 더 비참한 것이다. 목숨 걸고서라도 자신을 지켜주지 못하는 남편 아브라함의 초라한 모습을 보면서 사라의 마음은 어떠했을까? 아내로서 절망을 경험하는 순간은 남편의 사랑이 식거나 떠나는 것이다. 목숨을 각오하고 아내를 지키려했던 모습을 아브라함에게서는 전혀 찾아볼 수 없다. 지극히 소심하고 이기적인 모습만 볼 뿐이다. 위기로부터 가족을 보호하기 위한 방편이었을 것이다. 그럼에도 불구하고 아내가 곧 바로 왕에게로 넘어가는 순간조차도 방어하지 않는다. 아브라함이 이런 남편일 줄이야!

미혼인 여성 청년들에게 나는 종종 이런 남자는 절대 만나지 않게 해달라고 기도하라고 권한다. 농담반 진담반으로 하는 말이다.

아내는 많은 것을 원하지 않는다. 남편에게서 듣고 싶은 말을 들으면 그것으로 충분하다. 당신을 위해 목숨을 바치겠다는 말보다 더 큰 사랑의 고백이 어디에 있겠는가? 아쉽게도 아브라함에게는 그런 고백을 단 한마디도 찾아볼 수 없다.

혹자는 꼭 그것을 말로 해야 하는지 묻는다. 그렇다. 말로 해야 한다. 말이 행동이 되는 것이다. 표현되지 않는 사랑은 더 이상 사랑이 아니다. 언어로 표현되든지, 아니면 행동으로 표현되든지 표현될 때만 사랑인 것이다. 사랑은 결코 침묵하는 것이 아니다. 눈빛이든, 미소든 다양한 방식으로 표현되는 것이 사랑이다.

아브라함은 행동이 아니라면 말로서라도 목숨을 바쳐 당신을 지키겠노라고 고백했어야 했다. 그러나 아브라함에게서 행동은 물론이거니와 단 한마디의 사랑의 말조차도 찾아볼 수가 없다. 남편으로서 불합격이다. 이런 인물도 믿음의 조상이 되었다. 하나님 아니었으면 나이 들어 남편대접 제대로 못 받고 제 밥그릇도 겨우 챙겨먹을 뻔한 남편이었다.

사랑한다는 말을 자주 하자. 여전히 당신은 예쁘다고 말하자. 아내들이 싫은 듯 가장 좋아하는 말이다. 나이에 상관없이 예쁘다는 말에 여성들은 춤을 춘다. 오죽하면 돌아가신 할머니 앞에서도 생전에 그렇게 예뻤다고 말하면 관 속에서 벌떡 일어난다고 하지 않는가! 웃고 넘어갈 이야기 이지만, 해서 손해 볼 일 없는 말이다.

03
강을 건너온 사람
(창 13:1-9)

아브라함은 위기 속에서 하나님의 말씀을 다시 상기했다. 하나님께서 가나안 땅을 주시겠다고 약속하셨음에도 기근 때문에 즉 현실적인 두려움과 한계를 보면서 애굽으로 내려간 것이 잘못임을 깨닫게 되었다. 다시 길을 돌이켜서 출발했던 자리 벧엘로 되돌아왔다.

'벧엘'은 '하나님의 집'이라는 뜻이다. 영적으로 깊은 뜻이 있는 지명이다. 하나님 없던 삶에서 하나님 중심으로의 삶의 이동, 세속의 자리에서 구별된 자리로 옮겨왔다는 것이다. 처음으로 하나님께 예배드렸던 자리로 되돌아왔다는 것은 영적 회복을 의미한다. 빨리 깨닫게 된 것도 하나님의 은혜이다.

베드로도 그런 사람이었다.

"이에 베드로가 예수의 말씀에 닭 울기 전에 네가 세 번 나를 부인하리라 하심이 생각나서 밖에 나가서 심히 통곡하니라"(마 26:75).

그 즉시 돌이켜 울 수 있는 사람, 참된 믿음이 있는 사람이다. 베드로와 아브라함이 그런 사람이었다. '통곡하다'라는 말의 헬라어는 '펜데오'(πενθέω)이다. '펜데오'라는 말은 원래 사람의 슬픈 감정을 나타내는 모든 단어들 중에서 가장 깊은 슬픔을 나타내는 단어이다. 이 단어를 가장 정확하게 사용한 구절이 마태복음 5장 4절이다.

"애통하는 자는 복이 있나니 그들이 위로를 받을 것임이요."

'펜데오'는 외부로부터 오는 고통과 탄식을 말하기 보다는 내면으로부터 비롯되는 고통과 탄식을 의미한다. 우리 안에 정말 있어야 할 것이 없고, 없어야 할 것이 있는 것을 탄식하는 슬픔을 의미하는 것이다.

우리가 하나님 앞에서 온전하지 못한 삶을 살 때가 참 많다. '내가 왜 그랬을까? 알면서도 왜 그랬을까? 왜 내가 그런 마음을 가졌을까?'라고 후회하고 안타까워 할 때가 많다.

그러나 깨닫고 돌이킬 수 있는 것, 자기의 연약함과 어리석음에 대해서 스스로 통곡할 수 있는 마음이 중요한 것이다. 그렇게 깨닫고 울 수 있는 것도 하나님의 은혜이다. 정작 내 안에 있어야 할 것은 없고, 없어도 될 것들을 내 안에 가득 쌓아두고 사는 것 때문에 울 수 있어야 한다.

영적 기준

아브라함에게는 은과 금이 풍부하였다고 한다. 성경 전체에서 "은과 금이 많다"라는 구절이 나오면 반드시 분쟁과 시비가 뒤따른다. 은금이 풍부해지면 하나님의 자녀들도 시험에 들고 분쟁이 생기고 갈등에 빠진다. 그래서 삼촌 아브라함과 조카 롯 사이에 갈등이 생겼다. 믿음의 세계에 물질이 개입되면 변질되기 십상이다. 물질이 문제가 아니라 물질을 보는 마음이 달라지기 때문이다. 결국 물질이 문제가 아니라 우리 마음이 문제이다. 아브라함과 조카 사이에 불편한 일들이 생겨서 서로 헤어지기로 한다.

"아브람의 가축의 목자와 롯의 가축의 목자가 서로 다투고 또 가나안 사람과 브리스 사람도 그 땅에 거주하였는지라"(창12:7절).

가족들이 늘어나서 이것이 서로에게 불편한 일이 되었다고 성경은 말한다. 사람만이 아니다. 가축들도 종들도 늘어난 것이다. 처음에는 종들 사이에서 다툼이 일어났지만, 나중에는 삼촌 조카 사이에, 주인들 사이에 얼굴 찌푸릴 일이 생겼다. 하지만 아브라함은 집안의 어른으로서, 하나님의 음성을 직접 듣는 영적인 사람으로서 바르게 처신했다.

아브라함을 믿음의 조상이라고 부르는 것은 그의 장점과 단점, 성공과 실패를 통해서, 우리가 오늘 어떻게 살아갈 것인가에 대한 하나의 기준을 삼을 수 있기 때문이다. 이 분쟁 속에서도 그 기준을 찾아볼 수 있다.

분쟁이 생기자 아브라함은 조카 롯을 불러 "종들의 싸움 때문에 우리까지 서로 불편하게 됐으니, 자네와 내가 이렇게 다퉈서 되겠는가? 집안의 종들도 서로 다투지 못하도록 분가를 하는 게 좋겠다"라고 하였다. 그러면서 롯에게 좋은 땅을 선택할 수 있는 우선권을 주었다. 이것이 믿음 있는 자세이다. 자기가 좋은 것을 먼저 선점하려 하지 않았다. 상식적으로 생각하면 아브라함은 나이든 노인일 뿐만 아니라 가문의 어른이다. 먼저 선택할 자격이 충분했다. "자네는 젊고 식구가 단출하니 자네가 양보해야 되지 않겠나? 내가 먼저 택하겠네"라고 말할 수 있는 것이 세상인심이지만 아브라함은 그런 것을 넘어선 사람이었다. 아브라함이 양보한다. "네가 좌하면 나는 우하고, 네가 우하면 나는 좌하겠다"라고 조카 롯에게 말한다.

철없는 롯이 먼저 자신의 땅을 정한다. 사람의 상식이라면 어른인 아브라함에게 선택을 먼저 양보했어야 했다. 그 정도 수준의 롯이었다면 삼촌과 조카 사이에 애당초 갈등도 없었을 것이다. 아브라함의 말이 끝나자마자 먼저 선택했다. 결국 롯은 동쪽 요단지역을 선택한다. 그의 선택기준은 지극히 세속적이었다.

반면 아브라함은 자연히 반대편 서쪽으로 간 것이다. 거기는 척박한 곳이었다. 두 사람의 선택의 결과는 전혀 달랐다. 롯은 잘못된 선택으로 인해 엄청난 위기를 겪는다. 자신이 선택한 지역에서 전쟁이 일어난 것이다. 반면 아브라함은 불모지에서 조차도 풍요와 축복을 경험한다.

"이에 롯이 눈을 들어 요단 지역을 바라본즉 소알까지 온 땅에 물이 넉넉하니 여호와께서 소돔과 고모라를 멸하시기 전이었으므로 여호와의 동산 같고 애굽 땅과 같았더라"(10절).

롯이 선택한 소돔과 고모라는 에덴동산과 애굽 땅과 같았다. 동쪽인 그 땅은 물과 풀이 많고 비옥한 땅이었기 때문에 사람들이 모여들었다. 사람이 모여들면 도시가 생기고, 도시가 생기면 욕심과 범죄가 들끓고 분쟁이 생긴다.

국토개발에 경험이 많은 독일과 호주 같은 나라들은 대도시가 형성될 때 과도하게 인구가 집중되는 것을 행정적으로 미리 차단하는 정책을 펴고 있다. 도시집중화의 부작용을 미리 예방하는 것이다. 후발주자 국가들인 서울은 천만 명, 북경은 이천만 명, 아르헨티나의 수도 브에노스아이레스에는 전 인구의 절반 이상이 살고 있다. 사람들이 많이 모여 사는 만큼 온갖 어두운 그림자도 함께 있는 것이다. 사회적 갈등이 함께 증가하는 것이다.

이 이야기는 하나님이 어떤 사람을 축복하시는가를 단적으로 보여준다. 당장은 손해 보는 것 같고 자기 자리를 빼앗기는 것 같아도, 믿음의 원칙을 지키고 사는 자가 하나님의 축복을 받게 된다. 당연히 주장할 수 있는 자신의 권리를 양보한 아브라함에게 하나님은 "땅 걱정 하지 마라. 동서남북 보이는 땅은 다 너에게 주겠다. 땅의 축복이 되게 하겠다"라고 하신다.

신기한 것은 아브라함이 가나안 땅에서 현실적인 어려움을 보고 두려워 애굽으로 피해 내려갔던 상황과 아주 흡사한 상황이 지금 삼촌과 조카 롯 사이에 재현된 것이다. 아브라함은 그때 당시는 현실의 한계를 보면서 애굽으로 갔지만, 지금은 달라졌다. 지난 번 사건의 경험을 바탕으로 영적 교훈을 얻었기 때문이다. 지난번과 달리 영적 기준을 가지고 처신한 것이다.

조카 롯과의 사이에서 아브라함은 하나님의 약속의 말씀을 확실히 믿고 비록 자신이 선택한 곳이 황무지일지라도, 하나님께서 자리 잡을 수 있도록 도와주실 것이라는 믿음을 가지고 불모지로 들어갔던 것이다.

그런 아브라함에게 하나님께서 땅의 축복과 자손의 축복을 약속하셨다 (창 13:15-16). 히브리말에서 '하늘의 별 같이, 땅의 티끌같이'라는 표현은

셀 수 없이 많은 것을 표현할 때 사용하는 말이다. 하나님은 그렇게 아브라함을 축복하셨다.

물질 그리고 정직

예수 믿는 사람은 자신의 신앙을 지키기 위해서라면 때때로 손해 볼 줄도 알아야 한다. 하나님은 그런 사람에게 잃었던 자리도 회복시키시고, 복을 더하셔서 결코 손해 보지 않도록 하시는 분이시다. 불모지에서도 하나님을 선택한 아브라함은 점점 더 풍요와 축복의 삶을 살아가지만, 에덴동산 같고 애굽의 풍요로운 땅과 같은 곳으로 나갔던 롯은 어떤 인생을 살게 되었는가? 그는 삶의 자리를 잃어버리고 쫓기듯 도망쳐 나오는 인생으로 전락하고 만다. 성경은 이 두 사람의 선택과 결과에 대해서 믿음이라는 관점에서 비교하며 보여준다. 단순한 표현이지만 아브라함과 롯의 비교는 물질 앞에서 영적기준을 포기한 사람과 영적기준을 선택한 사람의 비교이다.

물질 때문에 분별력은 물론 영적인 기준이 흐려지는 사람들이 의외로 많다.

물질이 많아도 믿음을 가지고 잘 다스리면 물질이 하나님의 축복이 되고 선한 일을 하는데 큰 도구가 된다. 물질에 대해 너무 집착하면 오히려 믿음에 걸림돌이 된다. 물질이 문제가 아니라 물질을 다스리는 우리 자신의 마음과 믿음이 어떠한 지가 중요한 것이다. 물질 자체를 부정적이고 세속적인 것으로 생각하는 것은 잘못된 것이다.

물질은 소중하고 중요한 것이다. 선한 방법으로 열심히 일해서 돈을 벌어야 한다. 바른 가치관과 신앙관을 가지고 선하게 사용해야 한다. 그러면 그 물질은 하나님께 영광이 되고, 부자인 것이 자랑이 되고, 우리에게 큰 행복을 누리게 하는 하나님의 선물이 된다.

물질 앞에서 그리스도인들은 철저하게 정직해야 한다. 물질 앞에서만이 아니다. 하나님과 사람 앞에서 정직해야 한다. 정직한 것이 별로 없는 세상이다. 이런 세상일수록 그리스도인들은 정직함을 회복해야한다. 정직이 오늘을 사는 우리 그리스도인들에게 세상을 이기는 무기와 능력이 된다.

믿음의 중요한 원칙 중 하나가 정직이다. 오늘날 교회와 그리스도인들의 최대 위기는 정직함을 잃어버렸다는데 있다. 교회위기 극복과 회복이 멀리 있지 않다. 우리 안에 잃어버린 정직성을 회복하는데 있다.

강을 건너 온 사람들

롯이 선택한 땅에서 전쟁이 일어났다. 우여곡절 끝에 롯이 포로가 되었다. 한 사람이 도망하여 아브라함에게 그 사실을 전해 주었다.

"도망한 자가 와서 히브리 사람 아브람에게 알리니"(창 14:13).

성경에서 '히브리'라는 말이 처음으로 등장한다. '히브리'라는 말은 원래 '강을 건너온 사람'이라는 뜻이다. 우리가 흔히 잘못 알고 있는 '노예'라는 뜻이 아니다. 하란에서 가나안 땅으로 올 때 중간에 큰 강이 있다. 인류 사대 문명의 발상지 중에 하나인 유프라테스 강이 흐르고 있다. 하란 땅은 쿠웨이트, 이란, 이라크에 걸쳐 있었다. 당시 아브라함의 이주경로를 보면 갈대아 우르에서 하란으로 가는 길, 하란에서 가나안으로 가는 길, 가나안에서 애굽으로 가는 길 곳곳마다 강을 건너야 했다.

'히브리'라는 명칭으로 아브라함이 처음 불리게 된 시점을 애굽에 내려갔을 때 얻은 별칭이라고도 하고, 다시 강을 건너 되돌아와서 가나안 땅에 정착했을 때 얻은 별칭이라고 하기도 한다. 중요한 것은 이 히브리라는 이름은 믿음의 조상이라고 일컬어졌던 아브라함 때로부터 붙여진 민족의 이름이다. 처음에는 강을 건너온 사람으로서 한 가문의 이름이었지만, 이스라엘 민족의 이름으로 자리를 잡는다. 후에 신학화가 되어 영적의미를 지닌 용어로 발전하게 된 것이다.

이 '히브리'이름의 배경을 여호수아서를 통해서 좀 더 자세하게 찾아볼 수 있다. 여호수아가 은퇴를 앞두고 마지막 고별 연설을 한 내용이 여호수아 24장에 있다. 여호수아는 일평생 '상승장군'이라는 별명이 붙어 있을 만큼 모세의 후계자로서 탁월한 지도자였다. 백성들을 데리고 요단강을 건너 가나안 땅에 들어가는 과정에서 총 서른 세 번의 대전투를 벌였다. 결과는 완승이다. 옥에 티라고 한다면, 딱 한번 요즘말로 대대급단위의 전투라고 할 수 있는 아이 성 전투에서 패전했다. 그것도 여호수아가 지휘를 잘못한 것이 아니라 참모 중 한 사람인 아간이라는 자가 탐욕을 품어 일을 그르쳐 작은 전투에서 패전한 것 외에는 서른 세 번의 전투에서 완승을 했다.

미국 웨스트포인트 연병장에 여호수아의 동상이 있다. 그 동상 밑에 이런 글귀의 비문이 있다.

"상승장군, 패배를 모르는 장군 여호수아."

여호수아를 장군으로서 존경하며 기리는 내용이다. 당시 가나안 땅은 철광석이 지역에서 가장 먼저 발견된 곳이다. 따라서 철기 문화가 가장 먼저 발달하게 되었다. 철제무기는 물론 말 여섯 마리가 끄는 전차가 있던 때였다. 히브리민족이 활과 창과 같은 무기로서 강력한 철제무기를 지닌 가나안 사람들과의 전투에서 여호수아는 서른 세 번 모두 승리로 이끌었던 것이다.

이런 여호수아에게 한 가지 특징이 있었다. 평생에 단 한 번도 자기자랑이 없었다는 것이다. 그는 자신의 인생의 마지막을 자기자랑이 아닌 신앙고백으로 끝낸다.

여호수아 24장 1-15절을 여호수아의 신앙고백이라고 말하며, 구약의 사도신경이라고 일컬어진다. 이 고백 속에서 '히브리'라는 말의 근원이 소개되고 있다.

"여호수아가 모든 백성에게 이르되 이스라엘의 하나님 여호와께서 이 같이 말씀하시기를 옛적에 너희의 조상들 곧 아브라함의 아버지, 나홀의 아버지 데라가 강 저쪽에 거주하여 다른 신들을 섬겼으나"(수 24:2).

'히브리'라는 말의 근원이 된 유프라테스 강 저편에서 조상들이 세상 신, 태양신, 황금 신, 송아지 신 등을 섬겼다고 하였다. 그렇게 다른 신을 섬기던 아브라함을 가나안 땅으로, 하나님이 기뻐하시는 땅으로 불러내었다고 여호수아는 고백하고 있다.

여호수아는 "그러므로 이제는 여호와를 경외하며 온전함과 진실함으로 그를 섬기라 너희의 조상들이 강 저쪽과 애굽에서 섬기던 신들을 치워 버리고 여호와만 섬기라"(수 24:14)라고 하며 강 저편에서 섬기던 신들을 제하여 버리고 여호와만 섬기라고 결단을 요구했다.

신앙은 선택이고 결단이다. "우리 조상 아브라함 때 섬기던 유프라테스 강 저편 애굽 신, 태양신, 세상 신을 섬기든지 아니면 강 이편 여호와 하나님을 섬기든지 택해라. 나와 내 집안은 오직 여호와만 섬기겠다"라고 하면서 온 백성들에게 신앙의 선택과 결단을 강력하게 도전한 것이다.

그러자 백성들은 "우리가 결단코 여호와를 버리고 다른 신들을 섬기기를 하지 아니하오리니"(수 24:16)라고 대답하였다.

나는 이 여호수아의 신앙고백과 도전의 이야기를 읽고 있노라면, 일본의 우찌무라 간조 선생의 이야기가 떠오른다.

일본의 성경학자 우찌무라 간조는 일본이 자랑하는 세계적인 사람이다. 그가 미국유학을 마치고 일본에 돌아왔을 때 명치유신의 뜻이 변질되어서 군국주의에 지배를 받고 있는 것을 보게 된다. 더욱이 도조가 수상에 오른 뒤 침략전쟁을 일삼고 있었다. 우찌무라 간조는 기회가 있을 때마다 국민들에게 "우리 일본이 세계평화에 기여하지 않고 서양 제국주의를 본받아서 조선을 침략하고 만주를 침략하면 하나님께서 일본 땅에 불벼락을 내리실 것이다"라고 연설을 하였다.

우찌무라 간조를 아끼는 동료들이 "왜 그렇게 인기 없는 소리를 하는가. 지금 일본군이 조선반도는 물론 만주, 중국으로 승전을 거듭하며 물밀듯이 들어가 일본의 일장기를 휘날리고 있는데, 무슨 소리를 하는가?"라고 하면서 만류하였다. 그들을 향해 우찌무라 간조는 여호수아처럼 "전 일본인이 나의 적이 되더라도 여호수아처럼 나와 내 집은 여호와만 택한다"라고 단언했다.

우찌무라 간조는 사카모토 료오마와 더불어 내가 가장 좋아하는 일본의 위대한 두 인물 중 한 사람이다. 정말 신앙인으로서 닮고 싶은 기백이다. 신앙인들은 손해를 보고 욕을 먹어도, 자기 신앙의 절개와 기백이 확실해야 한다.

사람을 기르는 일

"아브람이 그의 조카가 사로잡혔음을 듣고 집에서 길리고 훈련된 자 삼백십팔 명을 거느리고 단까지 쫓아가서"(창 14:14).

아브라함은 포로가 되어서 끌려가는 친척과 백성 전체를 해방시켰다. 기독교는 현실적으로나 영적으로나 해방의 종교다. 이데올로기로서의 해방신학이 아니라, 순수한 영적 해방의 신학, 해방의 기독교이다.

"진리가 너희를 자유케 하리라"(요 8:32).

아브라함은 집에서 길리고 훈련된 자 318명을 데리고 가서 전쟁에서 승리하고 해방시킨 것이다. 길렀다는 말은 영적으로 바르게 세우고 인간되게 했다는 것이며, 연습시켰다는 말은 전문가로서 농사짓는 법, 전쟁하는 법과 같은 것을 배우게 했다는 것이다. 즉 전문성을 가지도록 훈련했다는 말이다.

사람을 키울 때에 머리 좋다고 되는 것이 아니다. 시대정신, 영적 깊이, 전문성을 골고루 갖추도록 길러야 제대로 된 인재를 만들 수 있다. 대한민국이 때때로 시끄럽고 흔들리는 것은 머리좋은 사람들 탓이다. 머리 나쁜 사람은 나쁜 짓을 해봐야 소 한 마리 훔치지만, 머리 좋은 도둑은 나라를 어지럽게 흔들어 놓는다.

한 시대를 바르게 이끌어 수 있는 바른 사상을 가지고, 국민을 사랑하되 죽기까지 사랑하신 예수님의 마음을 가지고 앞장서서 헌신할 사람이 필요한 것이다. 그런 사람들이 길러졌을 때 미래가 있는 것이다. 그것을 위해서 우리 교회가 투자를 해야 된다. 그러므로 교사가 중요하다. 교사가 흔들리고 영적 자질이 떨어지면 학생들은 두말할 것도 없다.

월남의 호치민이 존경받는 이유가 있다. 월남전 때 똑똑한 소대장 일꾼들을 뽑아서 독일과 소련으로 유학을 보냈다. 그는 "너희 동료들이 전선에서 총알받이로 전사하는 것을 생각하고 전투하는 마음으로 너희들은 가서 공부를 하라"고 했다.

뽑힌 청년들은 "선생님, 동료들이 지금 피 흘려 죽는데 저희가 외국에 가서 공부나 한다는 게 말이 안 됩니다. 우리를 전선으로 보내주십시오"라고 하자, "아니다. 전쟁에서 승리를 하든 패배를 하든 공부한 사람들이 있어야 나라를 다시 일으킬 것 아니냐? 우리 월남이 통일한 다음 누가 이 나라를 다스릴 것이냐 너희가 전선에 가서 전사하는 마음으로 가서 공부해라"라고 호치민은 말했다고 한다. 그렇게 미래를 내다보는 선견지명이 있어야 그 시대를 이끌어갈 수 있는 것이다.

아브라함이 위대한 것은 서쪽 땅 불모지에서 고난의 시절에 만일의 경우를 대비했다는 것이다. 사람을 기르고 연습해서 318명을 일이 터졌을 때 동원해서 하루 밤 사이에 억류된 사람들을 해방시킨 것이다.

교회가 그런 일에 과감하게 투자를 해야 한다. 다음 시대를 이끌어갈 지도자를 길러내는 일에 투자해서 교회와 나라의 미래를 책임지게 해야 한다.

영혼의 닻

"아브람이 그돌라오멜과 그와 함께 한 왕들을 쳐부수고 돌아올 때에 소돔 왕이 사웨 골짜기 곧 왕의 골짜기로 나와 그를 영접하였고 살렘 왕 멜기세덱이 떡과 포도주를 가지고 나왔으니 그는 지극히 높으신 하나님의 제사장이었더라"(창 14:17-18).

멜기세덱은 그 시대에 하늘에서 떨어진 제사장이다. 족보도 없이 땅에서 나온 것이다. 멜기세덱이 아브라함에게 축복을 하자 아브라함이 십일조를 바쳤다(19절). 시편 110편 4절에서 이 멜기세덱에 대해서 깊은 영적 계시를 말하고 있다.

"여호와는 맹세하고 변하지 아니하시리라 이르시기를 너는 멜기세덱의 서열을 따라 영원한 제사장이라 하셨도다."

여기서 '너'는 오실 메시야, 예수 그리스도를 의미한다. 제사장은 레위지파에서 나오는데, 예수님은 유다지파이다. 그래서 멜기세덱의 서열을 따라 영원한 제사장이라고 하고 있는 것이다.

히브리서 7장에서 멜기세덱에 대하여 이렇게 말하고 있다.

"이 멜기세덱은 살렘 왕이요 지극히 높으신 하나님의 제사장이라 여러 왕을 쳐서 죽이고 돌아오는 아브라함을 만나 복을 빈 자라 아브라함이 모든 것의 십분의 일을 그에게 나누어 주니라 그 이름을 해석하면 먼저는 의의 왕이요 그 다음은 살렘 왕이니 곧 평강의 왕이요 아버지도 없고 어머니도 없고 족보도 없고 시작한 날도 없고 생명의 끝도 없어 하나님의 아들과 닮아서 항상 제사장으로 있느니라"(히 7:1-3).

족보도 없이 느닷없이 나타난 멜기세덱은 영원한 대제사장으로 오실 메시야의 그림자라고 말하고 있다. 레위지파의 후손들인 제사장들이 역할을 잘 해왔다면 멜기세덱 제사장이 필요 없었을 것이다. 그 사람들이 제구실을 못해서 인류 구원역사를 성취하지 못했다. 그래서 새로운 반차, 멜기세덱의 반차를 따라 예수 그리스도를 세웠다는 것이다.

이스라엘 백성들이 성막에서 제사를 드릴 때 바깥뜰과 안뜰, 지성소와 성소 사이에 휘장이 있다. 일 년에 한번 씩 대제사장이 양의 피를 들고 휘장을 젖히고 지성소로 들어가서 백성의 죄를 속죄하는 제사를 드렸다.

대제사장 되시는 예수님이 피 흘려 죽음으로 제사가 끝나고 성전 휘장을 찢어버렸다. 이제 누구든지 예수님의 이름으로 지성소로 들어갈 수 있는 길을 열어 놓으신 것이다. 그 열어둔 길에 앞장서서 들어가시는 분이 대제사장 예수님이시다. 마치 영혼의 닻과 같아서 중심을 잡아주신 것이다.

우리 영혼에도 닻이 필요하다. 영혼이라는 배가 가라앉지 않고 빗나가지 않게 잡아주는 닻이 있다. 우리 주 예수 그리스도이시다. 영혼의 닻이신 예수 그리스도가 대제사장이 되어서 성소에서 지성소로 안전하게 인도해 주신다는 것이다. 영혼의 닻 되시는 예수님의 인도하심을 받아서 우리가 죄 많은 세상에서 승리해야 한다. 이것이 창세기 14장에 담긴 깊은 영적인 뜻이다.

04
신앙과 반응
(창 14:16-20)

신앙은 반응이다. 살아있는 것은 반응한다. 신앙이 살아있다는 것은 반응할 줄 안다는 것이다. 책망하는 하나님의 말씀에 회개로 반응하고, 하나님의 은혜와 축복에 감사로 반응하고, 미래의 소망에 대해서는 기쁨으로 반응해야 한다.

"또 이르시되 이 세대의 사람을 무엇으로 비유할까 무엇과 같은가 비유하건대 아이들이 장터에 앉아 서로 불러 이르되 우리가 너희를 향하여 피리를 불어도 너희가 춤추지 않고 우리가 곡하여도 너희가 울지 아니하였다 함과 같도다"(눅 7:31~32).

라오디게아 교회는 초대교회 때 가장 부요한 도시 중 하나였다. 풍요로운 도시문명 속에서 하나님에 대한 신앙이 식어져서 차갑지도 뜨겁지도 않은, 즉 반응이 죽어가는 교회였다. 완전히 죽은 교회라고 일컬음을 받았던 교회는 사데 교회였다.

살아있는 예배

반응의 핵심은 예배다. 예배는 곧 하나님에 대한 반응이다. 찬양, 기도, 말씀 등 예배의 모든 순서가 하나님께 대한 신앙적 반응이다. 반응이 분명하고 살아있어야 한다. 그래서 교회가 살아있는지 죽어있는 지는 예배를 보고 판단할 수 있다. 예배를 드리는 교인들의 태도 즉 반응을 보고 판단하는 것이다.

그렇다면 예배의 핵심이 무엇인가? 성경은 두 가지를 말하고 있다.

"감사로 제사를 드리는 자가 나를 영화롭게 하나니 그의 행위를 옳게 하는 자에게 내가 하나님의 구원을 보이리라"(시 50:23).

첫째는 감사이다. 하나님의 은혜와 구원에 대한 감사로 예배를 드려야 한다. 두 번째는 회개하는 심령으로 드리는 예배이다.

"주께서는 제사를 기뻐하지 아니하시나니 그렇지 아니하면 내가 드렸을 것이라 주는 번제를 기뻐하지 아니하시나이다 하나님께서 구하시는 제사는 상한 심령이라 하나님이여 상하고 통회하는 마음을 주께서 멸시하지 아니하시리이다"(시 51:16-17).

감사와 회개로 반응하는 예배가 하나님께서 가장 기뻐하시고 찾으시는 예배이다. 감사로 드리는 예배의 기초가 바로 헌금이다. 그래서 헌금도 믿음의 반응이라고 말하는 것이다. 신앙생활에 있어서 열심히 믿는 것 보다 바르게 믿는 것이 우선이다. 헌금에 대해서도 바르게 아는 것이 필요하다.

하지만 헌금에 대해서 교회가 바르게 가르치는 경우가 많지 않다. 헌금 이야기를 하면 불편해 할까봐 잘 다루지를 않는 것이다. 신앙생활하면서 헌금에 대한 바른 신앙적 기준을 살피기 위해서는 '교회'와 '예배'에 대해서 먼저 알아야 한다.

교회와 예배

우리는 교회를 예전부터 오랫동안 예배당이라고 했다. 아주 정확한 표현이다. 신약시대 이후부터는 예배당을 교회라고 말하고, 구약시대에는 성전이라고 했다. 구약시대 드렸던 예배를 제사라고 했고, 신약시대 이후부터 드렸던 제사를 예배라고 말한다.

아담, 노아, 아브라함 당시에는 교회라는 틀도 없었다. 단지 제사만 있었다. 특별히 하나님의 은혜를 받으면 한 나무를 정해 두고 그곳에서 제단을 쌓고 제사를 드렸다.

"아브람이 장막을 옮겨 헤브론에 있는 마므레 상수리 수풀에 이르러 거주하며 여호와를 위하여 제단을 쌓았더라"(창 13:18).

구약성경을 읽다가 보면 믿음의 선조들이 여호와 앞에 제사를 드릴 때 자주 등장하는 장소와 나무가 바로 헤브론에 있는 마므레 상수리나무이다. 이것을 가리켜 '원시교회'라고 말한다. 인간이 처음으로 하나님 앞에 예배를 드리던 장소라고 해서 '원시교회'라고 하는 것이다.

처음에는 나무에서 출발하였지만 나무란 것이 비바람에 상하기도 하고 죽기도 해서 뭔가 변치 않고 구별된 것을 필요로 하게 되었다. 그래서 나무 대신에 돌로 옮겨 간 것이다. 야곱으로 넘어가면 나무가 돌로 바뀌게 된다.

"이에 두려워하여 이르되 두렵도다 이곳이여 이것은 다름 아닌 하나님의 집이요 이는 하늘의 문이로다 하고 야곱이 아침에 일찍이 일어나 베개로 삼았던 돌을 가져다가 기둥으로 세우고 그 위에 기름을 붓고 그 곳 이름을 벧엘이라 하였더라"(창 28:17-19).

야곱은 돌로 기둥을 세우고 그 장소를 '벧엘'이라고 했다. 이는 '하나님의 집'이라는 뜻이고 교회를 의미하는 것이다.

그런데 흔하디흔한 것이 돌이어서, 사람들의 마음에 뭔가 좀 더 거룩하고 구별된 예배처소를 가졌으면 좋겠다고 생각하게 되었다. 그래서 그럴싸한 장막, 초막을 정성스럽게 지었다. 한글 성경에는 초막, 장막, 성막이라고 번역을 했지만 영어성경에는 다 '텐트'(Tent)로 번역되어 있다. 돌과 나무와는 완전히 차원이 달라졌다. 성막은 정성스럽게 만들어지고 훨씬 더 복잡한 구조를 가지고 있다.

이스라엘 백성들은 유목민들이다. 계속해서 옮겨 다니는 생활 속에서 성막 역시 옮기는 과정 속에서 찢어지고 상하게 될 수밖에 없었을 것이다. 이 때부터 이스라엘 백성들의 마음속에 하나의 지극한 소망이 생기게 된다.

언제라도 변함없이 그 자리에 있고, 항상 찾아갈 수 있는 거룩한 하나님의 집, 튼튼하고 제대로 갖춰진 성전을 꿈꾸는 것이다. 그 꿈에 그리던 성전이 솔로몬 왕 때 드디어 돌로 웅장하게 지어졌다. 그것이 솔로몬의 성전, 예루살렘 성전인 것이다.

안타깝게도 이 성전은 남 유다가 바벨론에 의해 망하면서 완전히 파괴

되었다. 이후 신약시대를 맞이할 때까지 제대로 된 성전이 없었다. 신약시대에는 교회의 개념이 완전히 바뀌게 된다. 지하교회 즉 눈에 보이는 교회가 아닌 예수 그리스도를 구주로 고백하는 사람들의 공동체라는 개념으로서 자리 잡게 된다. 예루살렘 성전을 대신한 성전이다. 그것이 바로 교회이다.

처음에는 상수리나무 아래에서 제단을 쌓고 개인의 신앙을 따라서 제사를 드렸다. 하나님께서 가르쳐 주신 제사법이 없었다. 하나님께서 제대로 된 제사법에 대해서는 출애굽시대, 즉 광야에서 가르쳐 주셨다.

430년 동안 애굽에서 살면서 이스라엘 백성들이 여호와 하나님에 대한 신앙도, 제사도 잊어가므로 하나님께서 이스라엘 백성들을 광야로 불러내신 다음에 제일 먼저 제사법부터 가르치신 것이다.

다섯 가지의 제사 - 번제, 소제, 화목제, 속죄제, 속건제 - 를 가르쳐 주셨다. 이 제사법에는 공통적인 정신이 하나 있다. 그것은 반드시 제물을 드리는 것이다. 때로는 수송아지로, 때로는 양과 염소로, 때로는 비둘기로, 때로는 곡식가루로…… 어떤 경우에든지 하나님 앞에 드려지는 예배에는 제물이 반드시 포함되도록 하나님께서 명령하셨다. 요즘 식으로 하면 헌금인 것이다. 그게 돈이 되었든지, 물건이 되었든지 반드시 제물을 드리도록 되어 있다.

그래서 우리가 모든 예배에 나올 때 하나님 앞에 반드시 헌금 드리는 순서가 포함되는 것이다. 주정헌금이 바로 그런 뜻이다. 주일에 하나님 앞에 예배드릴 때마다 드리는 헌금이 주정헌금이다. 이것은 형편에 따라서 하기도 하고 말기도 하는 것이 아니라 구약시대로부터 지금까지 내려오는 예배법이다.

그런데 왜 하나님은 물질로서 믿음의 반응을 보시는 것일까?

"네 보물 있는 그 곳에는 네 마음도 있느니라… 한 사람이 두 주인을 섬기지 못할 것이니 혹 이를 미워하고 저를 사랑하거나 혹 이를 중히 여기고 저를 경히 여김이라 너희가 하나님과 재물을 겸하여 섬기지 못하느니라"(마6:21, 24).

하나님에 대한 우리의 믿음을 가장 분명하게 측정할 수 있는 경우가 물질과 비교할 때이다. 헌금을 통해서 하나님께서 우리가 어디에 마음을 두고 있는지, 하나님을 하나님으로 인정하는지, 모든 것의 주인이심을 인정하는 지를 보시는 것이다.

구원의 은총에 대한 감사를 이스라엘 백성들에게 가르치기 위해 모든 예배에 제물을 드리도록 하신 것이다. 나의 가장 귀한 것을 그 분께 드림으로써 하나님이 나의 주인이시며, 내가 가진 모든 것의 주인이심을 인정하는 것이다.

물질이 아니라 사랑이다

아브라함이 멜기세덱 제사장에게 십일조를 드렸다. 말라기서에 십일조를 만드신 하나님의 의도가 분명하게 나타난다.

"사람이 어찌 하나님의 것을 도둑질하겠느냐 그러나 너희는 나의 것을 도둑질하고도 말하기를 우리가 어떻게 주의 것을 도둑질하였나이까 하는도다 이는 곧 십일조와 봉헌물이라 너희 곧 온 나라가 나의 것을 도둑질하였으므로 너희가 저주를 받았느니라 만군의 여호와가 이르노라 너희의 온전한 십일조를 창고에 들여 나의 집에 양식이 있게 하고 그것으로 나를 시험하여 내가 하늘 문을 열고 너희에게 복을 쌓을 곳이 없도록 붓지 아니하나 보라"(말 3:8~10).

십일조는 세 가지 이유 때문에 반드시 해야 한다.

첫째, 하나님의 축복의 명령이기 때문이다. 하나님은 우리에게 짐을 지우기 위해서 이 명령을 주신 것이 아니다. 하나님을 하나님으로 인정할 때 더 큰 축복을 주시기 위하여 우리에게 축복의 약속으로서 주신 것이다.

둘째, 십일조를 하지 않으면 하나님의 것을 도적질 하는 것이라고 말씀하셨다. 이 말에 많은 사람들이 부담을 느끼고 불편해 한다. 도둑은 남의 것을 훔치는 것이다. 남의 것을 내 것이라고 생각하는 것이 죄가 되듯이 하나님의 것을 내 것이라고 생각한다는 것 자체가 도적질 같은 죄가 된다는 것이다.

그래서 하나님의 것을 내 것이라고 생각하는 것 자체가 가장 큰 불신앙이다. 내 생명도 내 것이 아니다. 내 자녀도 내 것이 아니다. 내가 가진 것이 내 것이라고 생각하는 것은 성경적으로 볼 때 가장 큰 교만 중의 하나이다. 하나님께서 가장 싫어하시는 죄가 교만이다. 교만을 가리켜 하나님을 대적하는 것이라고 하였다.

셋째, 믿음의 척도이기 때문이다. 야곱이 십일조를 어떤 자세로 드렸는가?

"내가 기둥으로 세운 이 돌이 하나님의 집이 될 것이요 하나님께서 내게 주신 모든 것에서 십분의 일을 내가 반드시 하나님께 드리겠나이다"(창 28:22).

나의 모든 것은 하나님께서 주신 것으로 믿고 드리는 것이 십일조이다. 그래서 십일조는 믿음의 척도이며, 선택의 문제가 아니라 의무라고 하는 것이다.

십일조의 근본적인 정신은 하나님의 은혜에 대한 감사의 표시이다. 그러므로 십일조가 어려운 이유는 하나님 은혜에 대한 감사가 부족하기 때문이다. 모든 것을 주시고 인도하실 하나님에 대한 전적인 믿음의 부족 때문이다.

우리는 요구는 많아지고 의무는 회피하는 시대를 살고 있다. 나는 내 자녀들에게 십일조를 철저히 가르친다. 십일조의 의미를 자녀들이 잘 모르지만, 그 축복을 놓칠 수 없기 때문에 가르치는 것이다. 내가 이미 십일조를 한 돈을 아이들에게 주지만 아이들은 자신들의 용돈에서 또 십일조를 한다. 십일조의 의미를 가르치기 위해서 철저하게 하게 한다.

십일조는 돈 이야기가 아니라 사랑과 감사, 축복의 통로 이야기이다. 예수를 믿기만 하면 구원해 주시는 것을 가리켜 무조건적인 축복이라고 한다. 대가가 없다. 나머지는 조건부 축복이다. 복을 받을만한 삶의 내용이 뒤따라가야 하는 것이다. 우리가 가진 모든 것을 누가 주었는가? 내가 가진 모든 것이 다 하나님의 것임을 인정하고 감사하는 행위가 바로 헌금이다.

헌금에 대해서 교인들에게 원칙을 말하고 싶을 뿐이다, 하고 말고는 본인들의 몫이다. 다만 헌금 때문에 갈등하는 성도들에게 꼭 한마디하고 싶다. 어거스틴의 말을 빌려서 하는 말이다.

"하나님을 사랑하라. 그리고 자유하라."

대상을 사랑할수록 사랑하는 방법은 다양하다. 가장 분명한 것은 내가 사랑하는 대상이 남긴 말 한마디가 나의 전부가 될 수 있다.

사랑하면 할수록 모든 것이 쉬워진다. 불편하지 않다. 드리는 것도, 섬기는 것도, 헌신도 마찬가지이다. 나는 헌금의 다양한 방식과 규정에 대해서 논하고 싶지 않다. 하나님을 사랑하면 생명도 드릴 수 있고, 그렇지 않으면 단 돈 10원도 아까운 일이 될 수 있다. 헌금 이야기 대신에 하나님을 더 사랑하는 이야기를 내 속에서부터 시작해 보자. 그것이 우리 삶의 기준이 되게 하자.

05

믿음의 고백

(창 15:1-7)

한국교회가 성경통독을 열심히 하지만, 말씀에 대해 바르게 가르치고 이해하지 못한 결과로 세계 최고의 이단을 배출했다. 기독교 2천년 역사 동안 전 세계가 만들어놓은 이단의 개수보다도 한국교회 100년사 동안에 만들어진 이단의 개수가 더 많다는 사실이 이를 증명한다.

한국 교인들은 뭔가 대단한 일을 해낼 것처럼 "아멘, 할렐루야"를 외치지만 세상에 나가서 시련과 역경이 찾아오면 쉽게 무너진다. 말씀의 기초가 탄탄한 사람과 그렇지 못한 사람과의 차이가 바로 그런 것이다.

일주일에 단 한 줄의 성경도 안보는 교인들이 약 80%가 넘는다. 그런데 성경을 읽는 20%의 교인 중에서 정기적으로 성경 공부하는 일에 참여하는 교인들은 10%가 안 된다.

최근 조사에 의하면, 한국교회가 절반으로 줄어드는 시점이 앞으로 30년 뒤라는 결과가 나왔다. 심각한 일이다. 영적 부흥, 교회 부흥, 개인 신앙의 회복은 어디서 어떻게 시작될 수 있는가? 말씀을 가까이 하는 것에서부터 부흥이 일어나야 한다. 하나님의 말씀에서 멀어질 때 인간의 비극은 시작되는 것이다.

믿음

사람들은 잔소리를 싫어한다. 맞는 말이라도 잔소리로 들리면 싫어한다. 자녀들이 부모들에게 잔소리를 많이 들으면 짜증을 낸다. 사람의 마음을 상하게 하고 기분 나쁘게 하는 것이 잔소리이다.

반대로 사람의 마음을 흐뭇하게 하고 용기와 힘을 주는 말이 있다. 이 말은 자꾸 들어도 싫지 않은 잔소리의 반대라고 할 수 있다. 그것은 "나는 너를 믿는다"는 말이다.

아내가 남편에게서, 남편이 아내에게서 가장 듣고 싶은 말 중에 하나이다. 자녀들도 부모에게서 듣고 싶은 말이다. 우리가 살아가면서 다른 사람들에게 듣고 싶은 말이 바로 "나는 당신을 믿는다"이다.

우리와 하나님과의 관계도 크게 다르지 않다. 하나님께서 가장 기뻐하시는 것은 우리가 하나님을 믿는 것이다. 우리가 "하나님은 나의 목자, 나를 지키시는 분이십니다"라고 믿을 때 하나님은 너무도 기뻐하신다. 우리가 무슨 큰일이나 대단한 봉사를 해서가 아니다.

"사람이 마음으로 믿어 의에 이르고 입으로 시인하여 구원에 이르느니라"(롬 10:10).

우리 인생에 있어서 가장 큰 구원의 선물을 엄청난 일을 하고 업적을 남긴 사람에게 주시는 것이 아니라 단순히 믿는 사람에게 주신다는 것을 보면, 하나님께서 가장 크게 기뻐하시는 것이 무엇인지를 알 수 있다. 그것은 그저 그 분을 전적으로 믿고 고백하는 것이다.

시인

마음으로 믿는 것만이 아닌 추가되어야 할 한 가지가 더 있다. 입으로 시인해야 한다는 것이다. 수많은 실수와 범죄를 반복해도 믿음으로 고백한 말 한마디를 하나님은 믿어주시는 것이다.

우리의 고백에 대해 믿어주시고 "좋다. 죄인이지만 죄가 없다고 인정해 주겠다"라고 하시면서 구원의 선물을 주시는 것이다. 그래서 이 창세기 15

장 6절 말씀을 기초로 해서 사도 바울의 이신칭의 사상이 나왔고 개신교, 특별히 장로교의 신앙고백이 생긴 것이다.

신앙생활은 마음으로 믿는 것이 중요하고 그 다음으로 반드시 뒤따라 가야하는 것이 입으로 시인하는 것이다.

만약 아브라함의 행위로 의로운지 아닌지를 판단한다면 아브라함은 의롭다함도, 구원받기도 어렵다. 자기 한 목숨 지키자고 아내를 누이동생이라고 감추면서 이방 땅을 지나갔던 패기 없는 남자이다. 여호와에 대한 기본적인 신앙에서 조금 더 순종 잘하는 정도이지 탁월하거나 완벽함이 없다.

"만일 아브라함이 행위로써 의롭다 하심을 받았으면 자랑할 것이 있으려니와 하나님 앞에서는 없느니라"(롬 4:2).

아브라함이 나이 들어서 밤낮으로 마음에 무거운 짐을 지고 있는 걱정거리 하나가 있다. 그것은 후사가 없다는 것이다.

믿음이 있어도 걱정할 건 다 하던 사람이다. "하나님께 다 맡겼으니 나는 걱정이 없도다"라는 말은 우리가 두 발을 이 땅에 딛고 사는 동안에 절대 할 수 없는 말이다. 믿음이 아무리 좋아도 걱정거리는 있게 마련이다. 이것이 인간의 한계이다.

걱정은 있지만 그래도 하나님을 믿는다는 것이다. 본문 1절에서는 아브라함이 두려움까지 있었다고 말하지만 그럼에도 불구하고 하나님에 대한 근본적인 신뢰와 믿음이 있었다.

이렇게 부족한 점이 많은 아브라함이지만 하나님은 그를 의롭다고 인정해 주셨다. '인정한다'라는 말이 다른 성경에서는 '시인한다'라고 표현되어 있다. 그런데 시인은 쌍방 간에 할 때 가장 확실한 것이다.

"누구든지 사람 앞에서 나를 시인하면 나도 하늘에 계신 내 아버지 앞에서 그를 시인할 것이요 누구든지 사람 앞에서 나를 부인하면 나도 하늘에 계신 내 아버지 앞에서 그를 부인하리라"(마 10:32~33).

믿는다는 것은 인정한다는 것이며, 그 인정은 입으로 시인하는 것이다. 믿음을 입으로 시인한다는 게 그렇게 중요한 것이다.

교회 오면 등록 하라고 권하는 이유가 있다. 교회등록은 사람들 앞에서 하나님을 하나님으로 인정하는 행위이다. 간혹 "등록은 안했지만 나는 이미 하나님을 믿는데요. 교회등록이 뭐 그리 중요한가요?"라고 반문하는 분들이 있다.

교회 등록은 단순히 멤버십을 갖는 것이 아니다. "내가 이 교회에서 신앙생활을 하겠습니다. 나는 이 교회에서 하나님의 자녀로 살겠습니다"라고 하나님과 사람 앞에서 자신의 신앙을 고백하는 행위와도 같은 것이다.

하나님에게만 고백하고 시인하라는 것이 아니다. 사람들 앞에서 시인하라는 것이다. 그래서 교회 등록은 인정이고 시인하는 행위인 것이다.

초대교회로부터 지금까지 교회는 성도들을 교회지체로 받아들이고 세례를 줄 때 교회 회중들 앞에서 하나님을 인정하는 자기신앙을 고백하게 한다. 이것이 교회의 신앙적 전통이다.

병상에서도 세례를 줄 때 환자의 믿음을 보고 주는 게 아니다. 세례와 하나님의 자녀 됨의 조건은 그의 신앙고백을 보고 주는 것이다. 그의 믿음 생활을 보고 세례를 베푸는 것이 아니다. 이것이 기독교 교회 역사 속에서 정해진 세례의 기준이다.

그래서 병상세례도 의식이 없고 입으로 고백할 수가 없으면 할 수가 없는 것이다. 가끔 뇌사, 혹은 의식불명의 상태인데 와서 세례를 해달라고 하면 참으로 난감하다. 환자의 의식이 있고 입으로 고백할 수 있을 때 최소한 눈을 깜빡인다든지 해서 자기신앙고백을 표시할 수 있을 때 세례를 줄 수 있는 것이다.

06

영혼의 어두운 밤

(창16:1-6)

창세기 16장은 아브라함의 일생일대의 실패에 관한 이야기이다. 이 실패로 인해 이후 13년간 아브라함은 영적인 침체기에 빠진다. 이 13년 동안 아브라함에 대한 이야기가 성경에서 사라진다.

13년간의 영적인 침묵, 침체기를 지나서, 비로소 창세기 17장에서야 13년 만에 하나님께서 다시 아브라함에게 나타나셔서, 좌절해 있던 그에게 용기를 불어넣어 주시자 그의 삶이 되살아나게 된다.

창세기 16장은 믿음은 있지만 실제 살아가는 삶의 과정 속에서 인간적인 약점 때문에 좌절하고 고민하고, 자신이 저지른 일에 대해서 감당하지 못하고 방황하는 인간의 자화상을 들여다 볼 수 있는 대단히 좋은 본보기가 된다.

우리는 아브라함이 밝은 면과 어두운 면, 순종과 불순종, 성공과 실패, 좌절과 영광 등 이 모든 것들의 양면을 가진 믿음의 조상이었다는 점을 기억해야 한다. 아브라함의 일생을 통하여 우리는 하나님 앞에서 때때로 승승장구하고 형통할 때 조심해야 할 것들을 배울 수 있다. 또한 인생의 침체기, 영적침체 속에서 주저앉지 말고 다시 일어설 수 있는 교훈을 창세기 16장에서 얻을 수 있어야 한다.

하나님의 때

하나님의 때를 가리켜 '카이로스'라고 한다. 하나님께서 예정하신 시간을 말한다. 하나님이 자식을 주시기로 예정한 시간은 아브라함이 백 살이 될 때이다.

하나님의 때, 카이로스는 백세인데, 아브라함은 스스로 14년을 앞질러 일을 벌인다. 몸종 하갈을 통해서 이스마엘을 얻은 일이다. 그것은 사람의 때, 크로노스이다. 사람의 때가 하나님의 때를 14년이나 앞섰다. 약속한 하나님의 때를 인간이 스스로 거역한 셈이다. 그래서 문제가 발생한 것이다.

하나님의 일에 쓰임받기를 원하는 사람은 하나님의 때를 기다릴 줄 알아야 한다. 기다리지 못하고 사람의 생각으로 하나님의 때와 의를 앞지르게 되면, 반드시 거기에 사단이 생기고, 그 후유증 때문에 자신과 주위의 사람에게 심각한 상처를 남길 뿐이다. 그리고 그 상처와 문제를 수습하는 데 한 세월이 흘러가고 만다.

시간적으로는 14년 세월이지만, 아브라함의 경우 자손대대로 문제를 일으키게 되었다. 믿음의 조상이 되려는 사람의 한 번의 실수, 부부간의 합의된 한 번의 실수가 심각한 문제를 일으킬 수 있다는 것을 알아야 한다.

하나님의 때를 기다리지 못한 것이 불신앙이다. 우리는 하나님의 때를 기다리지 못해서 세월을 허비하고 심각한 문제를 일으키며 사는 경우가 종종 있다. 하나님께서 우리에게 주신 시간들을 지혜롭게 잘 활용해야 한다. 하나님의 때를 분별하며 사는 것이다.

하나님의 때를 분별하지 못하는 가장 큰 이유는 인간의 이기심이다. 이기심 역시 인내하지 못해서 생긴다. 인간의 이기심은 모든 것을 자기중심적으로 해석하게 만든다. 인내하지 못하는 조급함은 하나님의 때를 분별하지 못해 일을 그르치게 하는 중요한 요인이 되기도 한다. 그래서 성경은 성령의 아홉 가지 열매 중 하나를 오래 참음 즉 인내라고 말하는 것이다.

완전하라

"아브람이 구십구 세 때에 여호와께서 아브람에게 나타나서 그에게 이르시되 나는 전능한 하나님이라 너는 내 앞에서 행하여 완전하라"(창 17:1).

이스마엘을 아브라함이 86세에 낳은 후에, 그가 99세 되던 때에 하나님이 나타나셔서 다시 말씀을 하셨다. 86세에서 99세로 건너뛰는 것이다. 13년이라는 세월을 영적인 침체, 내면의 갈등, 자기모순에 빠져서 아무 일도 이루지 못한 것이다.

"너는 내 앞에서 행하여 완전하라"는 말의 원문은 "너는 내 앞에서 좀 제대로 처신할 수 없냐?"는 뜻이다. 즉 꾸지람인 것이다. "너는 내 앞에서 좀 제대로 처신할 수 없냐? 왜 마누라 말을 들어서 안 낳아야 할 자식 낳고 허송세월을 보냈느냐? 내 앞에서 좀 잘할 수 없냐?"라고 하시면서 꾸지람과 격려를 동시에 하신 것이다.

13년 동안 자기가 벌려놓은 일에 뒷감당도 제대로 못해서 우왕좌왕하며 침체에 빠져있던 아브라함에게 하나님께서 나타나셔서 그 동안에 지지부진했던 삶을 꾸짖고 격려하시면서 새로운 출발을 촉구하시는 것이다.

"내가 내 언약을 나와 너 사이에 두어 너를 크게 번성하게 하리라 하시니"(창 17:2).

꾸지람으로만 끝난 것이 아니다. 13년 전에 맺었던 언약을 하나님은 재확인시켜 주신다. 아브라함이 좌절의 기간을 겪었지만 하나님은 가만히 두고 보고 계시다가 때가 왔을 때 다시 임하셔서, 옛날에 맺은 언약을 재확인하시고 재신임하시는 것이다. 아브라함은 그 자리에서 엎드렸다(창 17:3). 자성과 회개 그리고 감사와 새로운 결단을 보인 것이다.

창세기 15장 1절에서 나타나셨던 하나님과는 대조가 된다. "이 후에 여호와의 말씀이 환상 중에 아브람에게 임하여 이르시되 아브람아 두려워하지 말라 나는 네 방패요 너의 지극히 큰 상급이니라"라고 하시면서 하나님은 아브라함을 완전히 감싸주시고 위로하셨다. 하지만 17장 1절에서 나타나셨던 하나님은 꾸짖고 격려하면서 전에 맺은 언약은 다시 재확인해주시고 새 출발할 수 있도록 해 주겠다고 하시는 것이다.

하나님의 음성 앞에서 아브라함은 진정으로 변화했다. 자기참회, 자기반성의 모습으로 땅에 엎드린 것이다. 바로 여기에서 하나님은 드디어 그의 이름을 '아브람'에서 '아브라함'으로 바꾸어 주신다. 위대한 믿음의 조상 아브라함의 이름이 시작된 것이다.

하나님은 새로운 변화의 현장에서 언제나 이름을 바꾸셨다. 아브람은 아브라함으로 사래는 사라로 바꾸셨다. 이름이 아닌 그의 영혼과 신앙과 삶이 달라지기를 원하시는 하나님의 뜻인 것이다.

07

사람이 답이다

(창 15:1-6)

아브라함이 하나님 앞에 엎드릴 때 하나님은 그에게 새로운 이름을 주셨다. 우리의 죄와 허물에 대해 책망하시고 때로는 가혹한 채찍을 드시기도 하지만, 하나님 앞에 엎드리면 용서하시고 다시 기회를 주시는 분이 하나님이시다.

그런 하나님의 은혜가 없다면 우리는 벌써 끝나야 할 인생이다. 하나님이 우리를 봐 주신 것처럼, 우리도 그렇게 서로 용납하고 이해하고 살아야 한다. 하지만 아무렇게나 봐주시는 게 아니다. 신학자 중에 아주 뛰어난 칼 바르트는 "무조건적인 용서는 항상 하나님의 책망 앞에 엎드리는 것을 전제로 하는 것이다"라고 하였다. 하나님의 용서는 무조건적인 용서가 아니다. 단 하나의 전제 조건이 있다. 그것은 바로 철저한 회개이다.

"너희는 스스로 조심하라 만일 네 형제가 죄를 범하거든 경고하고 회개하거든 용서하라 만일 하루에 일곱 번이라도 네게 죄를 짓고 일곱 번 네게 돌아와 내가 회개하노라 하거든 너는 용서하라 하시더라"(눅 17:3 -4).

두려워하지 말라

"이 후에 여호와의 말씀이 환상 중에 아브람에게 임하여 이르시되 아브람아 두려워하지 말라 나는 네 방패요 너의 지극히 큰 상급이니라"(1절).

성경에 "두려워하지 말라"는 말이 한 100번 정도 나온다. 두려움은 하나님께로부터 멀어질 때 가지게 되는 감정이다. 하나님과 점점 가까워질 때 임하는 것은 평안이다.

"여호와 하나님이 아담을 부르시며 그에게 이르시되 네가 어디 있느냐 이르되 내가 동산에서 하나님의 소리를 듣고 내가 벗었으므로 두려워하여 숨었나이다"(창 3:9-10).

범죄한 이후 인간이 가진 첫 번째 감정이 무엇인가? 옷을 벗었기 때문에 부끄러워한 것인가? 아니다. 두려움이었다. 하나님을 떠나는 순간 찾아들어오는 것이 두려움이다. 하나님과 멀어질수록 이 두려움은 더 심해지는 것이다. 반대로 하나님과 가까워지면 세상이 알지 못하는 평안이 주어진다.

"평안을 너희에게 끼치노니 곧 나의 평안을 너희에게 주노라 내가 너희에게 주는 것은 세상이 주는 것과 같지 아니하니라 너희는 마음에 근심하지도 말고 두려워하지도 말라"(요 14:27).

심리학에서 말하기를 인간은 결핍이 있을 때 두려움을 느낀다고 한다. 그 두려움을 극복하기 위한 방편으로서 물질이나 권력과 같은 다양한 것에 욕심을 가지거나 집착하게 된다고 한다.

그러므로 그리스도인으로서 두려움이 많으면 영적으로 침체되어 있는 것이다. 주머니에 돈도 없고 누가 알아주는 것도 아닌데, 그냥 마음이 든든하고 평안하면 성령님과 동행하고 있는 것이다. 편안한 것은 세상이 주지만, 평안은 하나님이 주시는 것이다.

출판하는 책 마다 베스트셀러가 된 미국의 유명한 작가에게 신문 기자들이 "선생님이 쓰신 책 중에, 제일 마음에 드는 책이 어떤 책입니까?"라고 물었더니 대답하기를 "앞으로 쓸 책이요"라고 했다. 다시 "선생님이 살아온 인생 중에 가장 멋있던 때는 언제입니까?"라는 질문에는 "앞으로 살아갈 날"이라고 작가는 멋지게 대답했다.

우리의 대답도 이래야 한다. 이유는 간단하다. 하나님과 동행하며 살기 때문이다. 그래서 우리의 미래는 지금보다 더 좋을 것이라고 대답할 수 있어야 한다.

엘리에셀

하나님께서 아브라함에게 "두려워하지 말라. 내가 너를 외부의 적으로부터 막아주는 방패이고, 너의 상급이다"라고 하시자 아브라함이 평소에 마음에 품고 있던 것을 하나님께 물었다. "하나님! 말씀은 그렇게 하시지만 나는 자식이 없잖습니까? 나는 무자하오니 우리 집의 상속자는 다메섹에서 데리고 온 종, 엘리에셀입니까?"라고 하였다.

마음속에 깊이 품고 있었던 한이라고도 할 수 있고 원망이라고도 할 수 있는 말을 한 것이다. 하나님께서 본토 친척 아비 집을 떠나라고 하실 때 다 순종했는데, 아무것도 이루어진 게 없이 세월만 흐르자 속에 맺혀 있던 것이 나온 것이다.

'엘리에셀'은 '하나님은 나를 도우시는 분이시다'라는 뜻이다. 이 이름은 주인인 아브라함이 지어준 것이다. 고대 근동의 주인과 종의 관계에 있어서 주인이 종의 이름을 지어주던 풍습이 있었다. 당시에 집에 종이 들어오거나 종이 자식을 낳으면 그의 이름을 주인이 지어주었다. 종이 혹시라도 다른 집으로 팔려 가면 그 집 주인이 새로운 이름을 지어주었다. 이름 값을 하면서 종노릇하기를 바라는 마음으로 그에 걸맞게 이름을 지어주었다. 종을 얻게 된 계기나 특별한 사연을 따라서 이름을 만들어 준 것이다.

아브라함이 다메섹, 즉 다마스쿠스에서 종을 한 명 데려 왔는데, 신실하고 일을 너무나 잘 하는 것이다. 그게 너무 기쁘고 감사해서 '이 종은 하나님께서 나를 도와주기 위하여 보내주셨구나. 이 종은 보통 종이 아니다. 하나님께서 자식도 없고 나이 들어 변변찮은 일꾼도 없는 나를 도와주시려고 친히 보내신 일꾼이다'라는 마음으로 감사하고 기뻐하면서 이름을 엘리에셀이라고 지었던 모양이다.

외롭고 힘들고 지칠 때, 누군가 의지하고 싶은데 마땅히 의지할 친구도, 가족도, 지인도 없을 때, 하나님을 의지하는 자에게 보내주시는 기도의 응답은 사람이다. 아브라함에게는 엘리에셀이었던 것이다. 좋은 사람 보내주시고 만나게 하시는 것이 기도의 응답이다.

"하나님, 우리 자녀에게 복을 주시옵소서"라고 기도하면 그 복이 어떻게 임하는가? 좋은 선생님과 좋은 친구 그리고 좋은 배우자를 만나는 것이다. 엘리에셀을 통해서 아브라함은 평생의 위로를 얻는다. '기다리는 자식은 여전히 없고, 나이는 벌써 팔십이 넘었고, 이러다가 생을 마치면 모든 가업을 저 충실한 종, 엘리에셀에게 맡겨야 되지 않을까'라는 생각을 아브라함은 하고 있었을 것이다. 하지만 '아무리 충실하고 마음에 들어도 종은 종인데'라는 마음으로 살아가다가 마침내 아들을 낳은 것이다.

그렇게 기다리던 아들, 이삭을 낳았지만 아들이 나이 사십이 넘도록 장가를 가지 못하는 문제가 생겼다. 사람이 없어서가 아니라 아브라함이 하나님 앞에 엎드리고 새 출발할 때부터 가졌던 영적인 기준에 따라서 며느리 감을 찾다보니 찾기가 쉽지가 않았던 것이다.

"내가 너에게 하늘의 하나님, 땅의 하나님이신 여호와를 가리켜 맹세하게 하노니 너는 내가 거주하는 이 지방 가나안 족속의 딸 중에서 내 아들을 위하여 아내를 택하지 말고 내 고향 내 족속에게로 가서 내 아들 이삭을 위하여 아내를 택하라"(창 24:3-4).

이방여인이 아닌 히브리민족 출신 아가씨, 즉 신앙을 가진 며느리, 예수 그리스도를 믿는 믿음의 여인이어야 한다는 분명한 기준이 아브라함에게 있었던 것이다. 그는 나이가 많고 아내 사라는 이미 죽었다. 아들 나이가 불혹의 나이 사십이 되었지만 어머니는 결국 장가가는 것을 보지 못하고 생을 마쳤다. 왜냐하면 워낙 믿음의 사람이라서 여호와를 섬기는 믿음을 기준으로 며느리를 얻으려고 했기 때문이다.

아들이 삼십 세만 넘겨도 혹시나 더 늦춰질까 생각해서 이것저것 볼 것 없이 치마만 두르면 데리고 오라는 식의, 혹은 믿음의 원칙과 기준 없이 세상 조건만 좋으면 시집장가 보내는 요즘 부모와는 완전히 다른 것이다.

아브라함은 충실한 종, 엘리에셀을 불러서 "내가 떠나온 하란 땅에 가서 믿음 좋은 며느리 감을 구해 오라"고 부탁을 했다. 엘리에셀이 그 먼 길을 가서 데려온 리브가를 아브라함이 두말 않고 며느리로 맞이했다. 아브라함의 입장에서는 이 엘리에셀이 귀하고 귀한 충복 중의 충복의 역할을 다 한 것이다.

우리 모두는 하나님 앞에서 엘리에셀과 같은 신실한 일꾼이 될 수 있어야 한다. 또한 우리가 이 땅에 사는 동안 엘리에셀과 같은 참 좋은 사람들을 만나고 교제하며 살 수 있는 축복을 받아야 한다.

부부이든지, 부모자식간이든지, 성도 간에든지, 엘리에셀과 같은 참 좋은 사람들을 만나고 행복한 인생을 살아갈 수 있도록 주님의 은혜를 구해야 한다.

08
기다림
(창 15:1-14)

로마시대에 우정이 깊은 두 친구가 있었다. 어려운 시절 산간벽촌, 가난한 동네에서 나고 자라서 서로 격려하고 모든 어려움을 이겨내면서 자랐다. 이 두 친구가 살던 시대의 나라는 폭군 중의 폭군으로 이름을 떨치던 왕이 다스리고 있었다.

두 친구는 열심히 학문을 닦고 자신들의 인생을 개척해서 마침내 그 나라의 높은 관직에 오르게 되었다. 정직하고 성실해서 젊은 나이에 일찍 성공했지만 안타까운 것은 주인을 잘못 만났다는 것이다.

로마 역사에 네로, 도미시안 그리고 디오니시오 황제, 이 세 사람은 폭군 중에 폭군에 속한다. 두 친구가 관직에 올랐을 때 이 중에 한 명인 디오니시오 황제가 나라를 다스리고 있었다.

네로와 도미시안 황제는 특히 기독교를 박해하고 수많은 그리스도인들을 잡아다가 로마 원형경기장에서 사자와 혈투를 벌이게 하는 것을 로마 시민들에게 구경거리로 보여줬던 잔혹한 왕들이었다.

더욱이 네로 황제는 로마 시에 불을 질러 놓고 시를 읊으며 불을 지른 사람들이 기독교인들이라는 소문을 내서 수많은 기독교인들을 죽였다. 요한계시록에 보면 666, 짐승의 숫자가 나오는데 이를 사탄의 숫자 또는 적그리스도라고 해석을 한다. 이 666이 바로 네로 황제를 상징적으로 표현한 것이라는 해석도 있다.

디오니시오는 로마의 폭군이었지만, 이전 황제들에 비해서 기독교를 핍박하지는 않았다. 그러나 자신의 정치적 야망과 권력의 기반을 다지기 위해서 폭정을 행했다. 특별히 그는 폭정에 반대하는 사람들을 사형에 잘 처하기로 유명한 황제였다.

이런 폭군 밑에서는 마음에 안 들면 충신도 하루아침에 역적이 되어 참수를 당한다. 예를 들면, 세종대왕의 둘째 아들인 세조가 조카 단종을 죽이고 왕위에 올랐다. 그 때 공신 중에 한 명인 양정이 말 한마디 잘못했다가 참수를 당했다. 세조가 계유정란의 충신인 양정도 마음에 안 들면 단칼에 역적으로 몰아서 죽였던 것이다.

비슷한 상황으로 폭군 밑에서 관직을 얻었던 두 친구 중에 한 친구가 그만 역적으로 몰리게 되었다. 감옥에 갇히게 되고 드디어 사형집행일이 다가오자 살아남은 다른 한 친구가 황제에게 찾아갔다. "황제이시여, 저 친구가 죽기 전에 고향에 가서 부모님께 작별 인사를 할 수 있도록 배려를 해 주십시오. 저 친구의 부모님에게는 다른 자식이 없습니다. 그러니 그 연로한 부모님에게 마지막 인사라도 할 수 있도록 선처를 해주십시오"라고 간청을 했다. 하지만 포악한 왕은 도망가지 않을 것을 어떻게 믿느냐고 일언지하에 거절했다.

친구는 포기하지 않고 한 가지 제안을 했다. 친구 대신 자신이 옥에 갇히겠고 만약 약속한 날까지 친구가 되돌아오지 않으면 자기가 대신 죽겠다고 한 것이다. 디오니시오 황제가 그 우정을 가상히 여겨서 그 부탁을 들어주었다. 돌아올 때까지 친구를 대신해서 다른 한 친구가 감옥에 들어 갔다.

이런 친구 덕분에 사형언도를 받았던 친구는 고향 집에 잠시나마 부모님을 뵙기 위해 갈 수 있었다. 그러나 시간이 지나서 돌아오기로 약속한 날이 되었지만 고향 집에 갔던 친구가 돌아오지를 않았다.

황제는 "친구를 너무 믿었던 자네 실수야. 실수라도 약속은 약속이니까 그 친구를 대신해서 죽어라"라고 한 후에 사형집행을 명령 했다. 원래 사형은 동서고금을 막론하고 해가 지면 하지 않는다. 하지만 폭군인 황제는 자정까지 기다렸다가 자정이 넘어가면 곧 바로 사형을 집행하도록 명령을 내렸다.

아무리 친한 친구라도 원망을 할 법한데, 조금도 원망하지 않고 말하기를 "황제시여, 제가 그 친구를 잘 압니다. 무슨 긴박한 사정이 생겼을 것입니다. 그 친구는 약속을 반드시 지킬 친구입니다"라고 하면서 오히려 그 친구를 변호해 주었다.

드디어 볼모로 잡아두었던 친구를 단두대 앞으로 끌고 나와 사형을 집행하려는 순간, 그 때 저 멀리서 부모님께 마지막 인사하러 갔던 친구가 피곤과 고통으로 만신창이가 된 상태로 달려와 황제에게 "황제시여, 오는 길에 배가 풍랑을 만나 겨우 살아났습니다. 그래서 이제야 올 수 있었습니다. 이제 제 친구를 풀어 주십시오. 약속을 지켰으니 약속한 대로 친구는 풀어주십시오. 사형수는 저입니다"라고 간청했다. 그리고는 이내 두 친구는 서로 부둥켜안고 눈물을 터트렸다. 같이 한 마을에서 태어나고 자라서 나라의 벼슬을 했지만 한 친구는 억울하게 누명을 쓰고 죽게 되었고 한 친구는 그걸 지켜봐야만 했기 때문이었다.

상담학 용어 중에 스트레스 지수라는 것이 있다. 부부지간의 사별, 가족 간의 사별, 사랑하는 사람의 사별이 수많은 스트레스 중에 1위이다. 친구의 죽음도 마찬가지 일 것이다.

되돌아온 친구가 대신 볼모로 잡혀 있었던 친구를 붙들고 울면서 "소중한 내 친구 디몬, 저 세상에 가서도 자넬 잊지 않겠네"라고 하자 다른 한 친구는 "피아시스! 자네가 먼저 가는 것일 뿐, 다음 세상에서 다시 만나도 우린 틀림없이 친구가 될 거야"라고 대답하며 눈물을 흘렸다.

그러자 디오니시오도 폭군이지만 인간에게는 누구나 본성 깊은 곳에는 순수한 본성이 있기 마련인가보다. 두 사람의 우정을 보고 감동을 받았다. 그래서 두 사람을 그냥 돌려보내 주라고 명령을 하고 자리를 떠나면서 "내 모든 것을 다 주더라도 이런 친구를 한번 사귀어보고 싶구나"라고 말했다고 한다.

이 이야기는 주전 4-5세기 경, 피아시스와 데이몬이라는 두 친구의 이야기로 알려져 있다. 이 친구들은 서로를 믿고 기다리는 우정을 가지고 있었다. 신앙도 믿고 기다리는 것이다.

믿고 기다리라

대략 30여 가지의 실수를 한 아브라함의 특징은 한마디로 믿고 기다릴 줄을 몰랐다는 것이다. 믿는 것까지는 좋았지만 고난과 역경을 보면서 끝까지 기다릴 줄 몰랐던 것이다.

그의 삶의 결정적인 실수는 두 가지가 있다.

먼저 약속의 땅, 가나안에 가서 기근을 만나자 하나님의 약속의 성취를 기다리지 못하고 애굽으로 간 것이다. 그래서 엄청난 대가를 치르게 된다.

두 번째로, 아브라함에게 하나님께서 아들 주시겠다고 약속을 하실 때 "그대로 믿습니다"라고 고백은 했지만 돌아서서는 현실의 고난과 역경을 만나면서 믿음의 고백대로 살지 못하고 쉽게 바뀌었다. 그래서 사라의 종, 하갈을 통해서 아들을 얻은 것이다.

아브라함이 아무 것도 없는 현실을 보고 믿음이 흔들리고 기다리지를 못하자 하나님께서는 다시 그와 약속을 맺어 주셨다. 한번 하신 약속을 재차 하시면서 재확인 시켜 주시는 것이다. 믿음 없는 아브라함에 비해서 하나님은 참 멋진 분이시다. 우리의 믿음 없음도 긍휼히 여기시는 분이시기 때문이다.

430년 종살이 – 역사에 남을 실수

고대근동지방에서 특히 구약시대에 하나님과 사람, 사람과 사람 사이에 중요한 약속을 할 때 암소, 암염소, 수양, 산비둘기와 같은 동물을 잡아서 반으로 쪼개고 그 앞에서 서로 서약하였다.

일종의 계약서를 작성하는 것과도 같다. 만약 약속을 어기면 이 짐승들이 반으로 쪼개지듯이 관계가 파괴되고 서로 멸망당할 것이라는 의미인 것이다. 그런 뒤 제사를 드리면 계약이 성립되는 것이다.

하나님께서도 그런 방식으로 아브라함과 계약서를 작성하시려고 하자 아브라함이 관례대로 암소, 암염소, 수양을 잡아서 반으로 쪼갰다. 그런데 아브라함이 큰 짐승은 쪼개고 작은 비둘기는 쪼개지 않았다.

"아브람이 그 모든 것을 가져다가 그 중간을 쪼개고 그 쪼갠 것을 마주 대하여 놓고 그 새는 쪼개지 아니하였으며 솔개가 그 사체 위에 내릴 때에는 아브람이 쫓았더라"(창 15:10-11).

이것이 아브라함의 결정적인 실수였다. 하갈 방에 들어간 것이 천추의 한을 남긴 실수라면 이것은 역사에 길이 남을 실수였다. 이 한 번의 실수 때문에 아브라함의 후손, 이스라엘 민족이 애굽에 들어가서 노예생활을 430년 동안 하게 된 원인이 되었다.

조상을 잘못 만나서 430년 동안 후손들이 종살이 했다는 것은 한 개인의 한이 아니라 민족적인 한이 되는 것이다. 이러한 엄청난 실수를 아브라함이 또 하게 된 것이다.

"해 질 때에 아브람에게 깊은 잠이 임하고 큰 흑암과 두려움이 그에게 임하였더니"(창 15:12).

깊이 잠들면 캄캄한 것은 당연하지만 두려워할 이유는 없다. 그럼에도 불구하고 심히 두려워했다는 것은 하나님과의 거리가 생긴 것을 상징적으로 표현한 것이다. 하나님과 멀어질 때 인간에게 찾아오는 감정은 두려움이다. 13절에서는 "400년 동안 네 후손들이 애굽에서 노예생활을 하게 될 것이다"라고 하나님은 말씀하셨다.

이스라엘 민족이 아브라함 때문에 애굽에서 430년간 노예생활 한 것이다. 아브라함이 믿고 기다리지 못한 것 때문이다. 신앙은 믿고 잘 기다리는 것이다. 사람 사이에서도 마찬가지이다.

"우리 남편 하는 일이 잘 될꺼야"라고 하며 잘 될 때까지 믿고 기다려 주는 것이 참된 신뢰이다. "우리 형편이 지금은 어렵지만 하나님께서 앞으로 잘 되게 해 주실거야"라고 말하며 믿고 잘 되게 해주실 때까지 기다리는 것이 신앙이다. 혹시라도 마지막까지 가서도 안 되면 "하나님의 뜻이 있을 거야"라고 끝까지 믿고 기다리는 것이 진정한 신앙이다.

"이러므로 우리에게 구름 같이 둘러싼 허다한 증인들이 있으니 모든 무거운 것과 얽매이기 쉬운 죄를 벗어 버리고 인내로써 우리 앞에 당한 경주를 하며 믿음의 주요 또 온전하게 하시는 이인 예수를 바라보자 그는 그 앞에 있는 기쁨을 위하여 십자가를 참으사 부끄러움을 개의치 아니하시더니 하나님 보좌 우편에 앉으셨느니라"(히 12:1-2).

우리가 잘 믿고 기다리기 위해서 모든 무거운 것과 얽매이기 쉬운 죄를 벗어버리고, 오직 믿음의 주인 되시는 예수만 바라보며, 삶을 단순화해야 한다.

영적인 것의 두 가지 특징은 단순함과 명확함(simple and clear)이다. 영적인 것은 깊어지면 깊어질수록 단순해진다. 복잡하고 불확실한 것은 영적인 것이 아니다. 영적일수록 단순해지고 소박해지고 깊어지는 것이다. "경주하라"는 말씀은 믿고 기다리면서 자신의 일에 최선을 다하여 땀을 흘리면 소망을 이루어 주신다는 의미이다.

"너희에게 인내가 필요함은 너희가 하나님의 뜻을 행한 후에 약속하신 것을 받기 위함이라"(히 10:36)라고 하셨다. 믿고 기다릴 줄 아는 신앙은 원망이 없다. 어떤 일이든지 하나님께서 소망 중에 이루실 줄로 '믿고 기다릴 줄 아는 신앙'을 가져야 한다.

09
흔들리는 세상
(창 18:22-33)

소돔과 고모라의 멸망 이야기는 지나간 한 때의 역사가 아니고 지금도 계속되고 있다. 한 사회와 문명이 무너질 때 공통적으로 나타나는 현상 세 가지가 있다.

첫째는 법, 둘째는 교육, 셋째는 종교의 타락이다. 인간사회를 지탱하는 뿌리에 해당하는 분야이다. 이런 기준으로 봤을 때 우리 사회가 분명히 겉으로는 건실하게 발전하고 유지되는 것 같지만, 속으로는 상당한 위기를 겪고 있다고 할 수 있다.

2013년도 홍콩의 한 경제잡지에서 발표된 자료를 보면, 우리나라가 태국, 말레이시아보다도 부패가 심한 나라라고 순서가 매겨졌다. 우리나라

뒤로 중국, 캄보디아, 미얀마, 베트남이 있다. 아시아 선진국으로서는 우리나라가 최악의 부패국가라고 발표된 것이다. 부패가 싱가포르보다 대략 4배 정도 되는 수준이라고 한다.

탈법, 불법, 편법도 많고, 한 나라 입법기관인 국회가 항상 시끄럽다. 또 교육을 보면, 교육기관이 돈을 받고 성적을 조작하고, 사교육 때문에 서민인 부모가 몸살을 앓고 있으며 종교도 아주 혼란스럽다.

우리나라는 이단천국이라고 할 정도로 세계에서 이단이 제일 많다. 정신세계, 영혼의 세계가 혼탁한 것이다.

이렇게 시대정신이 흔들릴 때 교육이 바로 서고, 국가 법질서가 바르게 지켜져야 하고, 더욱이 그리스도인들이 흔들리는 세상을 바르게 잡고 지켜나갈 수 있도록 신앙생활을 해 나가야 한다.

전적인 타락

"여호와께서 또 이르시되 소돔과 고모라에 대한 부르짖음이 크고 그 죄악이 심히 무거우니"(창 18:20).

소돔과 고모라의 죄가 너무 심각해서, 도저히 이 땅에 존재해야 될 가치를 완전히 상실했고 의인 단 10명이 없어서, 하나님은 멸망시키시기로 작정을 하셨다.

결국 소돔과 고모라 성은 죄가 많아서 망한 것이 아니라, 의인 10명이 없어서 망한 것이다. 문화, 국가, 권력 어떠한 것이든지 더 이상 이 땅에 존재할만한 가치를 상실할 때 하나님께서 멸망시키는 것이다. 소돔과 고모라 성은 하늘에서 유황불이 내려서 망했다고 기록하고 있다. 그 위치가 오늘날 사해 바다 자리이다.

지금도 하나님께서 각 나라와 민족들을 판단하시면서 멸망시켜야 할지를 살피시고 계실 것이다.

특별히 소돔과 고모라성의 부패 중에 가장 두드러진 것은 동성애(homosexuality)였다. BC 79년에 이태리에 있던 폼페이 시가 화산 폭발로 인하여 순식간에 화산재에 묻혔다.

천 몇 백 년이 지난 뒤에 그곳이 발굴되었다. 그 화산재 밑에는 순식간에 망했던 도시의 유적들이 고스란히 묻혀있었다. 그 중에 가장 두드러진 유적 중에 하나는 동성애였다. 남자가 남자끼리, 여자가 여자끼리 성관계를 맺는 현장이 순식간에 잿더미가 되었고 그대로의 모습으로 발굴된 것이다. 폼페이 시처럼 소돔과 고모라 성도 그런 심각한 문제를 가지고 있었다. 그래서 폼페이를 구약의 소돔과 고모라성에 비유하는 것이다.

"롯을 부르고 그에게 이르되 오늘 밤에 네게 온 사람들이 어디 있느냐 이끌어 내라 우리가 그들을 상관(성관계)하리라"(창 19:5).

동성애는 성경적인 가치기준으로 볼 때 하나님의 이치, 창조섭리와는 정반대되는 것으로 해석한다. 요즘 동성애에 대한 해석과 의견이 분분하지만, 전통적인 기독교의 입장은 명확하다. 동성애는 하나님의 질서에는 어긋나는 것이다.

나는 오늘날 대두되고 있는 동성애에 대해 조금 다른 입장으로 가지고 있다. 전통적 기독교 입장을 지지하고 따르지만, 하나님의 긍휼과 인간존중이라는 점에서 바라보고자 한다.

동성애는 한동안 질병 중 하나로 다루어져 왔다. 윤리 도덕적 개념이 아닌 치료할 질병으로서 이해해온 것이다. 대부분 동성애자는 자신이 스스로 선택한 성정체성이 아니다. 선천적인 경우가 대부분이다. 따라서 윤리 도덕적 잣대로 그들을 사회 속에서 편견으로 내몰기보다는 하나님의 긍휼로 품고 그들의 인격을 존중해야 한다. 그들 역시 구원의 대상으로서 하나님의 사랑이 필요한 존재이며, 구원에 참여해야할 사람들인 것이다. 교회는 이들을 수용해야 한다. 이들의 동성애를 지지하지는 않지만, 영혼구원을 위해 교회 안으로 들어오는 것을 막을 이유는 없다.

그렇다고 그들의 동성애가 건강하고 건전하다는 의미는 아니다. 그것은 분명 치료되거나 회복되어야 할 부분이라는 점이다. 병과도 같다는 것이다. 교회 안에서 우리의 영혼이 치료받고 회복되듯이 그들의 영혼 역시 치유와 회복의 대상일 뿐이다. 하나님의 사랑은 모든 인간을 향하신 것이다. 따라서 누구라도 제외되어서는 안 된다. 주님은 죄인은 물론 병든 이들에게도 찾아가셨다. 여기에 우리의 답이 있다.

의인

한 시대의 문명과 도시가 외형적으로 번영하는 것 같아도 하나님 보시기에 기본적인 도덕과 윤리가 지켜지지 않고 부패할 때 비단 성적인 문제만이 아니라 건강한 윤리와 도덕, 건전한 사회적 가치들이 부패할 때 하나님께서 심판하신다.

그 시대와 문명이 망하지 않고 유지될 수 있는 조건을 의인에게서 찾는다. 그러므로 우리가 이런 시대에 어떻게 신앙을 지키고 어떤 교회를 이루며 살아야 하는지가 중요하다.

그 시대와 사회가 하나님 보시기에 보존될만한 가치가 있다고 인정받을 수 있도록 교회가 제 구실을 해야 하고, 그리스도인들이 의인으로서 인정받아야 한다.

나 하나 예수 잘 믿는 것으로 끝나는 것에 머물러서는 안 된다. 우리 사회를 지켜주는 하나의 파수꾼이 되어야 한다. 일반 국민들은 깨닫지 못하고 우왕좌왕하고 살아도 그 시대를 이끌어갈 수 있는 파수꾼 같은 사람, 일꾼이 있다는 것이 중요한 것이다. 하나님은 지금도 그런 교회와 그리스도인들을 찾고 계신다.

"이 땅을 위하여 성을 쌓으며 성 무너진 데를 막아 서서 나로 하여금 멸하지 못하게 할 사람을 내가 그 가운데에서 찾다가 찾지 못하였으므로"(겔 22:30).

소돔과 고모라성이 망했던 것처럼 이스라엘이 바벨론에게 망하던 때 그 나라와 그 땅을 멸하지 않도록 가운데 서서 막아낼 사람을 하나님이 찾고 계신다는 것이다. 이스라엘 역사가 병들고 망해가는 데 하나님이 많은 사람을 찾는 것이 아니다.

우리나라, 우리가정, 우리공동체가 어려울 때 그 한 가운데 서서 버티고 막아낼 사람, 소수의 사람을 찾으셨는데, 못 찾으셨다는 것이다. 소돔과 고모라 성 그리고 이스라엘이 바벨론에게 망한 것은 다 같은 이유에서였다. 그러므로 하나님이 보시기에, 그 시대를 유지시켜 나갈 명분이 될 수 있는 의로운 사람이 되는 것에 신앙생활의 기준을 두어야 한다.

"내가 내 분노를 그들 위에 쏟으며 내 진노의 불로 멸하여 그들 행위대로 그들 머리에 보응하였느니라 주 여호와의 말씀이니라"(겔 22:31).

하나님께서 진노가운데 이스라엘을 바벨론을 통하여 멸하셨다. 바벨론 나라가 강해서가 아니다. 이스라엘의 지도자들이 부패해서도 아니다. 국민들이 우매해서도 아니다. 타락한 시대, 사람, 문화가 문제가 아니라, 썩어가는 세상, 부패한 시대에 하나님께서 세워서 망하지 않도록 막아내는데 쓸 사람이 없었기 때문이다.

아무리 구름 떼 같이 교회에 많이 모이고 건물이 좋아도 하나님이 그 시대를 지켜나가는데 쓰실 사람이 그 속에 없다면 실제로는 큰 교회가 아니다. 하나님 보시기에는 그냥 한 교회일 뿐이다. 교회가 중요하게 생각해야 할 일은 과연 그 시대, 그 백성의 역사를 지켜나갈 사람다운 사람, 일꾼다운 일꾼이 교회 안에 있는가 하는 것이다.

신앙과 삶의 목적

왜 신앙생활을 하는가? 직장은 왜 다니며 돈은 왜 버는가? 자기 혼자 잘 되고 잘 먹고 잘 살려고 하는 사람은 그리스도인으로서 자격이 없다. 사실 그렇게 말하며 신앙생활하는 사람도 없다. 다 나름대로 믿음 있는 말을 하며 산다.

우리가 예수를 믿는다는 것은 성경적으로 사는 것을 말한다. 우리는 고민해야 한다. 정말 이 시대에 예수님께서 어떤 교회와 그리스도인들을 원하시며, 어떤 사람을 찾으시는 지에 대해서 제대로 알아야 한다.

"너와 너희 교회를 통해서 잘못된 질서를 바로 잡고 무너진 것을 보수하며 이 나라, 이 민족의 역사를 새롭게 하겠다"라고 하실 때 우리가 "주여, 제가 여기 있나이다. 저를 보내소서"라고 대답할 수 있어야 한다.

그런 일에 쓰임 받아야 하고 그런 일이 우리 삶의 목적 가운데 하나로 자리 잡고 있어야 한다.

10
갈등과 결단
(창 22:1-14)

어느 날, 개가 닭에게 "옛날 닭은 새벽이 되면 때에 맞춰 잘 울고, 달걀도 잘 낳았는데 요즘 닭은 왜 제대로 하는 게 없냐?"라고 물었다. 닭이 대답하기를 "마트에 가면 오리 알 등 수많은 종류의 알이 있고, 집집마다 벽에 시계가 다 붙어 있는데 내가 왜 힘들게 알을 낳고 우냐?"라고 했다.

이번엔 닭이 개한테 "너는 왜 밥만 먹고 도둑을 보고도 짖지를 않느냐?"라고 물었다. 그러자 개는 "우리 주인을 포함해서 모두가 도둑인데 누구를 보고 짖으라는 것이냐?"라고 반문했다고 한다.

닭이 말하는 세상은 별의 별게 다 있는 편리한 세상이고, 개가 말하는 세상은 그런 세상 속에서 존재하는 어둠을 말하는 것이다.

세상은 편리해 졌지만 여전히 어둡다. 세상이 어두우면 어두울수록 믿음으로 사는 것이 빛을 발한다. 그래서 그리스도인들이 이런 세상에서 믿음으로 깨끗하게 산다는 것이 능력이고, 무기이며, 복음의 능력이 된다. 하지만 믿음으로 살려고 하면 할수록 시험이 오고, 영적 도전이 있기 마련이다.

본문은 하나님께서 아브라함을 시험(test)하는 이야기이다. 창세기 12장에서 시작한 아브라함의 삶이 22장에서 정점(클라이막스)에 이른다.

시험

"그 일 후에 하나님이 아브라함을 시험하시려고 그를 부르시되 아브라함아 하시니 그가 이르되 내가 여기 있나이다"(창 22:1).

아브라함을 시험하신 하나님은 우리들 역시 시험하신다. 하나님의 자녀들도 이 땅에 사는 동안에 시험을 겪게 마련이다. 시험 없는 인생은 없다. 그 시험에는 두 가지가 있다. 이 두 가지를 먼저 영적으로 분별한 뒤에 대처를 해야 한다. 그 두 가지 시험이 어떤 것인지를 야고보서가 잘 설명을 하고 있다.

"하나님과 주 예수 그리스도의 종 야고보는 흩어져 있는 열두 지파에게 문안하노라 내 형제들아 너희가 여러 가지 시험을 당하거든 온전히 기쁘게 여기라"(약 1:1-2).

먼저 살펴볼 것은 야고보가 자신을 '예수님의 친동생'이라고 하지 않고 '예수 그리스도의 종'이라고 한 것이다. 교회에서 서로를 부를 때 이러한 용어를 써야 한다.

친형제 자매도 일대일로 있을 때는 "형, 언니"라고 할 수 있지만, 그 외에는 전부 직분으로 불러야 한다. 교회에서는 하늘이 주신 이름으로 부르는 것이 상식이다. 세상 이름으로 부르는 것은 가급적 삼가해야한다.

다시 본문 이야기로 돌아가자. 팔레스타인 밖에 살면서 유대교적 종교규범과 생활관습을 유지하는 유대인을 가리켜 '디아스포라'(diaspora) 고 한다. 어원적으로 디아스포라는 헬라어 전치사 dia(영어로 over)와 동사 spero(영어로 to sow '뿌리다')에서 유래되었다. 일반적으로 '흩어진 사람들' 이라고 번역하지만 좀 더 영적으로 풀이하자면 '온 세계에 뿌려진 씨앗'이라고 할 수 있다. 즉 온 세상에 흩어진 생명의 씨앗이다.

복음의 증인으로 여기저기 흩어져 있다가 주일날 교회로 모이는 것이다. 그것이 디아스포라이다. 우리들을 복음의 증인으로, 씨앗으로 온 세계에 하나님이 흩어 놓은 것이다.

생명의 씨앗으로 뿌려져 있는 그 자리에서 우리가 대접받고 편안하게 지내는 것을 의미하지는 않는다. 복음의 씨앗으로 던져진 그 자리에 시험이 있다는 것이다. 그래서 여러 가지 시험을 당하거든 기뻐하라고 야고보서에서 말하고 있는 것이다.

여러 가지 시험 중에 성도들이 당하는 시험 두 가지 중에 첫째는 하나님이 주시는 시험, 즉 위로부터 오는 시험을 의미한다. 둘째는 자기 속에서부터 나오는 시험을 의미한다. 혈기와 같이 인간적인 동기에서 오는 시험이다.

야고보서 1장 2절은 위로부터 오는 시험을 말하는 것이다. 시험이 오거든 기뻐하라는 이유는, 그 시험 속에 하나님의 사랑이 있기 때문이다.

"인내를 온전히 이루라 이는 너희로 온전하고 구비하여 조금도 부족함이 없게 하려 함이라"(약 1:4).

허물과 자기모순에 빠지지 않는 부족함이 없는 사람, 하나님 앞에서 온전한 사람이 되게 해 주시려고 하나님은 시험을 주신다는 것이다. 그러므로 기뻐해야 한다.

"시험을 참는 자는 복이 있나니 이는 시련을 견디어 낸 자가 주께서 자기를 사랑하는 자들에게 약속하신 생명의 면류관을 얻을 것이기 때문이라"(약 1:12).

우리가 길을 가다가 잘못 가면 하나님께서 바로 잡아주시는 과정이 시험이라는 것이다. 따라서 하나님이 주시는 시험이라고 분별이 될 때는 순종해야 한다. 순종하면 축복이 기다리고 있다. 그 축복의 최종적인 것은 생명의 면류관인 것이다.

"오직 각 사람이 시험을 받는 것은 자기 욕심에 끌려 미혹됨이니"(약 1:14).

자기욕심, 혈기, 인간적인 동기 때문에 오는 시험이 두 번째 시험이다. 이런 시험이 오면 회개해야 한다. 시험에 대해서 이렇게 우리가 이해를 먼저 하고 아브라함 이야기를 살필 필요가 있다.

그렇다면 아브라함에게 임한 시험은 어떤 시험인가?

이삭, 전부를 드리라

"여호와께서 이르시되 네 아들 네 사랑하는 독자 이삭을 데리고 모리

아 땅으로 가서 내가 네게 일러 준 한 산 거기서 그를 번제로 드리라"(창 22:2).

사랑하는 아들을 바치라고 하셨다. 여기에 이 시험의 핵심이 있다. 이 시험은 누구를 더 사랑하느냐의 문제이다. 하나님을 더 사랑하느냐, 100세에 낳은 아들을 더 사랑하느냐에 대한 시험이다. 만일 하나님의 자리에 아들이 있다면 그 아들은 영적으로 우상이다. 하나님은 우상숭배를 철저히 배격하신다.

하나님은 지금도 이것을 우리에게 물으신다. "누구를 더 사랑하느냐?" 우리가 사랑하는 것, 마음에 두고 있는 것, 귀하게 생각하는 것, 그것이 물질이든, 사람이든 하나님은 그것을 가지고 시험하신다.

아브라함에게 이삭을 드리고 나면 남는 게 아무것도 없다. 전부를 말하는 것이다. 아들은 아브라함에게 축복이면서 우상이 될 수 있다. 하나님이 주신 아들일 때 그 아들은 축복이지만, 하나님의 자리에 아들이 있으면 우상이 되는 것이다. 동전의 양면과도 같은 것이다. 아들 때문에 자칫하면 더 큰 축복의 자리로 나가지 못할 수도 있는 것이다.

아브라함에게 주신 하나님의 시험은 사랑의 순서를 명확하게 가르쳐 주시는 것이다. 사랑의 순서를 확인하시고 복을 주시는 것이다. 아브라함이 그 밤에 한 숨도 잘 수가 없었을 것이다. '내가 하나님 음성을 잘못 듣지는 않았을까? 정말 바쳐야 하는가?'온갖 생각으로 밤을 지새웠을 것이다.

덴마크 출신의 철학자 키에르케고르는 실존주의 철학의 시조라고 말한다. 그는 창세기 22장을 가지고 '아브라함의 불안'이라는 글을 썼다. 아브라함에게 자기 목숨 바치라고 하셨다면 차라리 쉽고 간단했을 텐데, 100세에 얻은 아들을 바치라고 하셨으니 기가 막힐 노릇이었을 것이다. 그 밤에 아브라함이 얼마나 불안했겠냐는 것이다.

하지만 13년의 영적 갈등의 시기를 거친 뒤 아브라함의 영적 수준은 이전과는 전혀 다른 수준이었다. 그야말로 믿음의 조상으로서의 진가를 발휘한 것이다. 이삭을 드리기로 결단한 것이다.

결단

"아브라함이 아침에 일찍이 일어나 나귀에 안장을 지우고 두 종과 그의 아들이삭을 데리고 번제에 쓸 나무를 쪼개어 가지고 떠나 하나님이 자기에게 일러 주신 곳으로 가더니"(창 22:3).

아브라함은 밤새도록 자기갈등을 극복하고 새벽에 '일찍이' 일어나 출발 했다. 엄청난 갈등 속에서 얼마든지 지체할 수 있었지만 일찍 일어나 과감하게 결단한 것이다. 생사를 초월한 순종이요, 이유와 조건을 극복한 순종이다.

하나님의 일방적인 요구에 '왜'라는 질문을 아브라함에게서 찾아볼 수 없다. 하나님의 말씀 앞에 이유를 찾는다는 것 자체가 이미 아브라함에게는 더 이상 용납되지 않는 것이었다.

그는 어떠한 이유도 질문도 하지 않는다. 혹 내적갈등이 있다고 할지라도 그는 입 밖으로 내지 않는다. 이것이 바로 아브라함의 믿음의 세계인 것이다. 이유를 넘어선 순종, 절대 순종이다.

걸림돌을 제거한다

"이에 아브라함이 종들에게 이르되 너희는 나귀와 함께 여기서 기다리라 내가 아이와 함께 저기 가서 예배하고 우리가 너희에게로 돌아오리라 하고"(5절).

하나님이 일러주신 곳은 모리야 산이다.

'무거운 장작을 마지막 길인데 아들한테 지울 수 있나, 종들이 지고 올라가도록 하자'라고 생각할 수도 있었다. 그러나 아브라함은 종들에게 산 밑에서 기다리도록 지시하였다. 왜냐하면 이삭을 죽여서 제사 지낼 때 종들이 방해할 것을 알았기 때문이다. 아들을 묶어놓고 칼로 가슴을 쪼개고

각을 떠야 하는데 종들이 가만히 있을 리가 없다.

주인 아브라함의 행동을 가만두고 볼리가 없을 것이다. 아마도 노인이 실성했거나 미친 행동으로 여겼을 것이다. 종들은 결단코 이삭을 죽이려던 아브라함을 말렸을 것이다.

아마도 우리의 경우라고 한다면, "하나님, 저는 드리려고 했는데, 종들이 말려서 도저히 어찌할 수가 없습니다. 중심을 보시는 하나님께서 받으신 것으로 여겨주실 줄 믿습니다"라고 하면서 그냥 집으로 돌아왔을 것이다.

아브라함은 깊은 영적 통찰력을 가지고 이미 그런 걸 다 감지한 것이다. 그래서 사환들은 밑에 다 머물게 하고 아들한테 장작을 지워서 산에 올라간 것이다.

"이삭이 그 아버지 아브라함에게 말하여 이르되 내 아버지여 하니 그가 이르되 내 아들아 내가 여기 있노라 이삭이 이르되 불과 나무는 있거니와 번제할 어린 양은 어디 있나이까"(7절).

산에 올라가면서 이삭이 장작도 있고 불도 있는데 양이 없다고 질문을 하자 아브라함은 "하나님이 자기를 위해 친히 준비하신다"(8절)라고 대답을 하였다. 이것을 '여호와이레'라고 한다. "하나님이 준비하신다"는 이 고백이 신앙의 출발점인 것이다. 현재는 아무 것도 없지만 하나님이 우리 미래를 위해 다 예비해 두신다는 것을 믿는 믿음의 고백이다.

믿음과 행함

"사자가 이르시되 그 아이에게 네 손을 대지 말라 그에게 아무 일도 하지 말라 네가 네 아들 네 독자까지도 내게 아끼지 아니하였으니 내가 이제야 네가 하나님을 경외하는 줄을 아노라"(12절).

"내가 이제야 네가 하나님을 경외하는 줄을 아노라"는 말씀은 "이제야 네가 통과됐다"는 뜻이다. '여호와이레' 신앙이란 "아브람이 여호와를 믿으니 여호와께서 이를 그의 의로 여기시고"(창 15:6)라는 말씀과 같다.

이것을 로마서와 야고보서에서 깊이 다루고 있다. 믿음이 무엇인지 정확하게 설명을 하고 있다.

야고보서에서는 아브라함의 믿음을 행함이 있는 믿음이라고 해석했다. 행함이 없으면 하나님께서 의로 여기실만한 믿음이 못 된다는 것이다. 의로 여기시는 단계는 믿기만 하고 거기서 끝나는 것이 아니라 아들, 이삭까지 바칠 수 있는 결단과 실천을 포함한 믿음이 되어야 한다는 것이다.

"우리 조상 아브라함이 그 아들 이삭을 제단에 바칠 때에 행함으로 의롭다 하심을 받은 것이 아니냐 네가 보거니와 믿음이 그의 행함과 함께 일하고 행함으로 믿음이 온전하게 되었느니라 이에 성경에 이른 바 아브라함이 하나님을 믿으니 이것을 의로 여기셨다는 말씀이 이루어졌고 그는 하나님의 벗이라 칭함을 받았나니 이로 보건대 사람이 행함으로 의롭다 하심을 받고 믿음으로만은 아니니라"(약 2:21-24).

하나님은 아브라함에게만이 아니라 우리에게도 이 믿음을 보시기 원하신다. 입으로 시인하고 가슴으로 믿는 믿음만이 아니라, 실천하는 순종이 포함된 믿음을 보시기를 원하시는 것이다.

2부
이삭의 이야기

11
우물 파는 신앙
(창 26:26-33)

이스라엘 백성들은 선민사상을 가지고 있다. 하나님으로부터 선택받고 축복받은 민족이라는 정신을 가리키는 말이다. 그들은 모든 역사적 사건을 항상 하나님과의 관계 안에서 해석을 하려고 했다. 가령 전쟁에서 승리하게 되었을 때 하나님께서 승리할 수 있도록 자신들을 도와주셨다고 고백하면서 승리한 장소의 이름을 '여호와 닛시'라고 붙였다.

아브라함이 이삭을 하나님께 바치려고 할 때, 하나님께서 수양을 준비해 주시고 이삭을 대신하게 하셨던 것을 고백하면서 아브라함은 그곳의 지명을 '여호와 이레'라고 불렀다. 이런 예가 벧엘(하나님의 집), 브니엘(하나님의 얼굴) 등 성경에는 대단히 많이 있다.

본문의 이야기는 '브엘세바'라는 곳에서 일어난 일이다. '브엘세바'는 아브라함과 이삭이 동일하게 우물 때문에 경험하게 된 일로 붙인 이름이다. 세바는 '일곱'과 '맹세'라는 두 가지의 의미를 지닌 말이다. '브엘'은 '우물'이라는 뜻을 가지고 있다. 그래서 '브엘세바'는 '맹세를 하게 된 일곱 개의 우물'이라고 풀어서 그 의미를 살필 수 있다. 이삭의 이야기 속에서는 이 우물 이야기가 항상 등장한다.

행복한 인간관계

미국 카네기 멜론 공과대학에서 인생에서 실패한 사람 1만 명을 대상으로 그 원인이 무엇인지에 대해서 조사를 했다. 그 대상자 중에 85%에 해당하는 사람들이 실패의 원인을 원만하지 못한 인간관계 때문이라고 말했다.

이 조사는 개인의 지식과 능력과 기술이 아무리 뛰어나다고 할지라도 인간관계가 좋지 못하면, 즉 대인관계가 원만하지 못하면 성공할 수 없다는 것을 잘 보여 주었다.

"아는 게 힘이다"라는 속담이 있지만, 21세기는 단순히 지식을 얼마나 많이 알고 있느냐가 능력이 아니라, 사람을 얼마나 많이 알고 있느냐, 좀 더 정확하게 말하면, 얼마나 인간관계를 잘 맺고 있느냐가 한 사람의 사회적 성공과 힘의 잣대가 된다.

우리가 살아가는 시대의 특징들을 가리켜서 정의하던 말들이 있다. 처음에는 IQ시대, 그 다음엔 EQ시대, 그리고 SQ시대를 지나서 지금은 RQ 또는 NQ시대라고 한다. RQ는 Relationship Quotient(관계지수), NQ는 Network Quotient(공존지수)를 말한다.

네트워크는 흔히 컴퓨터 네트워크를 의미하는 단어로 사용됐지만 요즘은 흔히 '휴먼 네트워크'라고 해서 인간관계의 중요성을 나타내는 말로 사용된다. 그만큼 우리 시대는 인간관계가 중요해졌다는 것을 의미한다.

인간관계가 그만큼 중요한 것임을 강조하는 것은 그 만큼 관계를 잘 맺지 못하는 시대를 살아가고 있음을 반증하는 것이다. 그래서 이에 관한 많은 책들이 소개되고 있다. 그 책들은 지난 5년 동안 베스트셀러 10위권 안에 항상 자리를 잡고 있다.

인간관계가 한 사람의 사회적 성공을 뛰어 넘어서 개인이 느끼는 행복지수(Life Quality)에 중요한 영향을 미친다. 사회적으로 크게 성공했다고 해서 그 사람이 가지는 행복지수가 반드시 높다고는 말할 수 없다.

우리에게 정말 중요한 것이 있다면, 성공한 사람보다는 행복한 사람으로 사는 것이다. 성공한 만큼 행복을 누리지 못하는 경우가 많기 때문이다. 오히려 지극히 평범하게 살지만, 대단히 높은 행복감, 행복지수를 나타내는 경우도 있다. RQ시대, 행복은 성공에 달려 있던 것이 아니라 관계에 달려있다.

극심한 경쟁사회 속에서 성공을 좇아서 피곤한 시간들을 보내며 살고 있지만, 성공보다는 행복을 찾고 누리는데 실패하지 않아야 한다. 그리스도인들은 세상에서 이웃과 좋은 관계를 맺고 살아야 한다. 즉 관계지수가 높아야 한다. 그것은 곧 그리스도인들 자신의 행복지수 뿐만 아니라 행복한 삶과도 연결이 된다.

행복한 가정

성경의 수많은 인물들 가운데 RQ의 거장은 누굴까? 단연코 이삭이다.

네 명의 족장 가운데 성경에서 많은 부분을 다루고 있는 다른 세 사람들과는 달리 이삭에 관한 이야기를 창세기 24~26장, 이렇게 단 3장뿐이다. 성경은 아주 짧고 간단하게 언급하고 지나가지만 이삭에게는 탁월한 점이 있다. 바로 관계지수이다. 이것은 그의 가정생활에서 비롯된다.

이삭은 네 명의 족장 중에서 가장 행복했던 사람으로 평가를 받고 있다. 이삭은 당대 훌륭한 신앙을 가진 아버지와 어머니로부터 신앙교육을 받고 자랐던 사람이다. 아버지 아브라함이 100세에 얻은 아들로서 지극한 사랑을 받으며 귀하게 자랐다. 100세 얻은 외아들이니 자식 사랑이 오죽 했겠는가!

자랄 때 좋은 부모와 가정환경 가운데서 지낸다는 것은 행복한 삶의 기초가 된다. 아브라함도 좋은 가정환경에서 자라지는 못했다. 야곱도 장자권 문제로 어릴 때부터 부모 곁을 떠나서 고생한 것을 생각한다면 그렇게 좋은 환경에서 어린 시절을 보냈다고 말할 수는 없다. 요셉도 형제들에게 그 어린 나이에 노예로 팔려가서 갖은 고생을 겪었다.

흔히들 하는 말로 산전수전 다 겪으면서 자란 것이다. 그래서 가정적으로 볼 때 족장 네 사람 중에서 이삭이 가장 행복한 가정환경에서 자란 사람이라고 할 수 있다.

오늘 우리 사회가 겪고 있는 많은 문제가 가정에서부터 비롯된다고 해도 과언이 아니다. 부부갈등, 가정폭력, 높은 이혼률, 학대, 높은 자살률 등이 행복한 삶의 기초가 가정에서부터 무너지는 것을 보여주는 단적인 예가 된다.

"이삭은 사십 세에 리브가를 맞이하여 아내를 삼았으니 리브가는 밧단 아람의 아람 족속 중 브두엘의 딸이요 아람 족속 중 라반의 누이였더라"(창 25:20).

이삭은 40세에 결혼을 해서 노총각 신세를 간신히 면했다. 본인이 배우자를 구하지 못해 결혼을 못한 것이 아니다. 당시에는 부모님이 정해준 배필을 아내로 맞이하면 그만인 시대였다. 사랑하고는 관계없이 결혼을 하는 경우가 다반사였다.

하지만 이삭은 사랑하는 사람, 리브가를 아내로 맞이하게 된다. 구약성경 전체를 볼 때 이런 예는 매우 드물다. 이삭처럼 사랑해서 결혼한 것은 아주 특별한 경우이다.

노총각이 되면 본인도 위기의식을 느끼지만 부모로서도 걱정이 이만저만이 아니다. 그래서 서두르게 된다. 그러나 아브라함은 서두르지 않았다. 왜 40세가 될 때까지 그 귀한 이삭을 결혼시키지 않았을까?

귀한 것 일수록 귀하게 다루는 것이 사람의 마음이다. 하나님께서 귀하게 주신 자식을 나이가 찼다고 해서 아무런 여인과 혼인시킬 수는 없었다. 훌륭한 신앙의 배필을 찾을 때까지 아브라함과 이삭은 기다렸던 것이다. 나이가 결혼의 기준이 아니라 신앙의 원칙이 기준이 되었던 것을 보여주는 것이다.

이렇게 시작된 이삭의 가정은 참으로 행복했다. 행복한 가정의 기초는 부부관계다. 부모자식 관계가 우선이 아니다. 부부관계가 행복해서인지 가정이 행복해서인지 네 사람의 족장 중에서 이삭이 가장 장수했다. 그의 향년은 180세였다. 이삭이 행복하게 살았던 모습을 성경 여러 곳에서 우리는 찾아 볼 수 있다.

성실함

"이삭이 그 땅에서 농사하여 그 해에 백 배나 얻었고 여호와께서 복을 주시므로 그 사람이 창대하고 왕성하여 마침내 거부가 되어 양과 소가 떼를 이루고 종이 심히 많으므로 블레셋 사람이 그를 시기하여"(창 26:12-14).

이삭은 참 성실했던 사람이다. 성실한 사람은 예나 지금이나 어디서든 환영받게 마련이다. 위의 짧은 성경구절 속에서 이삭의 성실한 생활의 단면을 찾아 볼 수 있다.

어느 날 갑자기 하나님께서 복을 주셔서 크게 부자가 되었다는 뜻이 아니다. 열심히 성실하게 농사짓고 애를 쓰는 그 자리에 하나님께서 인정하시고 복을 주셔서 부유하게 된 것이다.

'마침내'라는 단어는 여러 가지 어려운 일은 물론이고 말 못할 고생도 있었지만 성실하게 한 걸음 한 걸음 살아갈 때 하나님께서 인정하시고 복을 주셔서 거부가 되도록 만들어 주셨다는 것을 나타내고 있다.

그리스도인들에게는 성실함이 무기가 된다. 예를 들면, 남의 식당에서 직원으로서 일할 때 "내 신세는 왜 이런가?"라고 불평할 수 있다. 똑같이 공부하고 일했는데 누구는 좋은 자리에 있고 누구는 그렇지 못하다고 불평할 수 있다.

하지만 맡은 바 그 자리에서 성실하게 일할 때 하나님께서 인정하신다. 하나님께 인정받으면 무엇이 문제가 되겠는가? 하나님께서 그런 사람에게 은혜를 주신다. 사장이 월급을 인상하지 않아도, 행복하게 사는데 문제가 없도록 보이지 않는 손길을 통해서 부족함을 채워주신다. 성경에 기록된 말씀 중, 까마귀를 통해서라도 먹이시겠다는 것은 바로 그런 경우를 두고 하신 말씀이다.

특히 이삭에게 노복이 많다는 말은 오랜 세월을 함께 했던 종들이 많다는 뜻이다. 젊은 시절부터 나이가 들도록 변함없이 열심히 일하며 이삭과 함께 가족처럼 지냈다는 것이다. 이삭의 인격과 인심을 엿볼 수 있는 모습이다.

갑자기 거부가 되어서 신입사원 뽑듯이 100명, 200명을 한꺼번에 뽑은 것이 아니다. 열심히 일하는 가운데 가정살림의 규모가 커지고, 재산이 늘어나서 종들이 하나 둘씩 더해 갔다는 것이다. 나이가 들도록 이삭과 함께 했던 노종들이 많다는 것이다. 이삭이 얼마나 성실하게 살았는지를 볼 수 있는 구절이다.

오늘 우리 사회는 성실함 보다는 능력의 탁월함을 추구하는 시대이다. 또 기회와 속도에 대해서 민감하게 반응하는 시대이다. 그러나 성실함이 뒷받침 되지 않는 능력의 탁월함은 기회주의에 불과하다. 또 성실함과 균형감

각 없는 속도 경쟁은 우리로 하여금 속도의 노예가 되어서 살도록 한다.

사회는 지금도 우리에게 "더 빨리 뛰어라. 더 높이 뛰어라. 더 많이 뛰어라"고 말한다. 그러나 우리는 때로는 멈추어 서서 반문할 수 있어야 한다.

"누구를 위해, 무엇을 위해 더 빨리 뛰는 것인가?"

그 아버지의 그 아들

이삭의 단점이 엿보인다. 그 아버지의 그 아들이라는 말을 새삼 느끼게 하는 사건이 생겼다.

"그 곳 사람들이 그의 아내에 대하여 물으매 그가 말하기를 그는 내 누이라 하였으니 리브가는 보기에 아리따우므로 그 곳 백성이 리브가로 말미암아 자기를 죽일까 하여 그는 내 아내라 하기를 두려워함이었더라"(창 26:7).

이삭은 성격적으로 아브라함처럼 아내를 위기 가운데서 누이동생이라고 할 만큼 두려움이 많고 소극적인 사람이었다. 이삭에게서 이런 약점을 보게 되는 것을 실망할 이유는 없는 것 같다. 사람은 누구에게나 약점이 있다. 이삭은 아버지의 실수를 그대로 되풀이 한다.

실망스럽지만, 우리 역시 이에 못지않은 실수를 하지 않는가! 그의 이런 실수는 오히려 그의 성실함 속에서 감추어진다. 이삭은 성실함으로 그의 부족함을 극복한 사람이었다.

우물파기

이삭의 면면을 성경 속에서 다양하게 살펴볼 수 있지만, 이삭이 "아브라함과 이삭과 야곱의 하나님"이라고 불릴 수 있는 반열에 오를 수 있었던 결정적인 이유는 어디에 있었는가?

창세기 26장 17-25절에서 그 이유는 시작된다. 이 짧은 구절 속에서 이삭은 일곱 번 우물을 팠다.

구약시대에 우물이 갖는 의미는 대단히 중요하다. 우물은 곧 생존의 문제가 되기 때문이다. 우물 때문에 마을이 생기고 도시가 형성이 된다. 때로는 우물 때문에 전쟁이 일어나기도 한다.

구약성경 전체를 보면 내면적으로는 우물을 뺏기 위한 전쟁이 대단히 많다. 우물을 보호하기 위해서 성곽을 쌓고 탑을 쌓는 경우도 허다했다. 지역 특성상 우물을 판다고 물이 다 나오는 것이 아니기 때문에, 당시에는 우물을 파서 물이 나오면 신이 축복한 자리라고 생각했다. 그래서 그 우물을 빼앗기면 목숨을 걸고 싸우게 된다. 이런 환경 속에서 이삭이 일곱 번이나 우물을 팠다는 것은 상식적으로 충분히 이해가 되지 않는다.

처음 우물을 파고 물이 나왔을 때 그랄 목자들이 와서 빼앗아 버렸다. 아니나 다를까 곧 분쟁이 시작되었다. 그러자 이삭은 이내 그 우물을 내어 주고 다른 곳으로 옮겨 갔다. 그리고 다시 우물을 팠다. 그들이 또 찾아와서 그 우물을 빼앗아 버렸다.

이쯤 되면 큰 싸움이 일어나거나 두 족속들 사이에 전쟁이 일어날 법도 하다. 그런데 이번에도 역시 이삭은 또 다시 힘들게 팠던 우물을 두말없이 내어 주고 다른 곳으로 옮겨가서 또 다시 우물을 팠다. 우물을 파고 내주기를 계속 반복했다. 아니 파는 우물마다 빼앗겼다고 하는 것이 더 정확한 표현이다.

어느 날 쫓겨 다니는 가운데 온 가족들은 지친 상태로 기댈 곳 없는 처지에 들판에서 불안하고 불편한 잠을 청해 자고 있었다. 그 때 하나님께서 나타나셔서 "두려워 말라 내가 너와 함께 있겠다 너로 번성케 하겠다"(창 26:24)라고 말씀하셨다.

우물을 팔 때마다 빼앗겼기 때문에, 계속 우물 팔 기력도 없었을 것이다. '또 판들 또 빼앗길 텐데'라는 생각을 할 수도 있었을 것이다. 하지만 이삭의 위대함은 그런 좌절 가운데서도 약속의 말씀을 믿고 또 다시 우물을 계속 팠다는 점이다.

옆에 있는 다른 사람이 "저런 어리석은 사람 봤나! 우물 파서 남 좋은 일만 다 시키는 참 어리석은 사람이네"라고 비웃고 손가락질을 할 수도 있다.

언제나 약삭빠른 사람이 살아남고 유순하고 어리숙한 사람은 살아남기가 어려운 시대이다. 하지만 신앙의 공식은 다르다. 약삭빠른 사람은 자기 꾀에 자기가 넘어지고, 어리석어 보이는 성실한 사람은 하나님이 도와 주셔서 다시 일어서게 된다.

겉으로 보면 이삭은 파던 우물마다 빼앗기는 것으로 보이지만, 영적으로 보면 양보하는 것이다. 그랄 목자들 입장에서는 이삭이 판 우물을 힘들이지 않고 빼앗을 수 있어서 좋아했지만, 시간이 흐를수록 점점 두려워지기 시작했다.

우물을 팔 때마다 물이 나오는 것을 보고서는 이삭을 지켜 주는 신이 정말 대단한 신이라고 생각하기 시작했다. 그래서 두려워하기 시작한 것이다. '얼마나 이삭을 강하게 지키기에 저렇게 팔 때마다 물이 나올까?' 이것이 두려워하게 된 이유이다.

'혹시나 이삭의 신이 우리를 벌하시지는 않을까?'라는 생각에 아비멜렉과 그랄 목자들은 이삭에게 찾아왔다. 그리고 "서로 평화하자"라고 제의했다. 아니 사정한 것이나 다름없다. "우리를 해치지 말아 달라"라고 사정까지 했다(28-29절).

도둑이 제 발 저린 것이다. 참 얄미운 인간들이다. 이삭의 양보가 없었더라면 불가능한 일이다. 마침내 다툼이 그치고 평화가 찾아왔다. 결국에는 서로 맹세를 하고 평화를 이루고 살게 되었다. 이것을 기념해서 이삭이 그곳 이름을 '브엘세바'라고 부르게 되었다.

양보는 앞으로 밑지고 뒤로 남는 장사인 셈이다. 영적기준을 가지고 살면 때때로 손해 보는 일이 있어도 하나님은 이것을 또 다른 방법으로 채우신다. 우리 역시 이런 배짱으로 살 수 있는 믿음이 있어야 하지 않겠는가!

브엘세바

이삭의 신앙을 가리켜 브엘세바의 신앙이라고 할 수 있다. 어떤 신앙인가? 조금 더 살펴보자.

첫째, 양보하는 신앙이다.

너그러운 마음을 말한다. 양보는 다른 사람을 먼저 배려하는 정신이다. 자신을 낮추는 겸손의 또 다른 모습이 된다. 힘 있는 사람의 양보일수록 훨씬 더 매력적이다. 또 양보할 수 없는 조건에서 하는 양보가 아름답다. 이삭이 이렇게 양보할 수 있는 마음을 품을 수 있었던 근본 원인이 어디에 있는 가? 그 해답이 마태복음 5장 3절에 있다.

"심령이 가난한 자는 복이 있나니 천국이 그들의 것임이요."

세상의 모든 복을 영적으로 해석할 때 여덟 가지 복으로 요약할 수 있다. 위의 말씀은 팔복 중 첫 번째 복이다. 즉 '마음이 가난한 자의 복'이다. 여기서 '가난한 마음'이라는 말은 '마음이 겸손한 자'라는 의미이다. 한문 성경에는 그렇게 번역되어 있다.

겸손한 마음은 자기를 비우고, 자기를 내려놓을 수 있는 빈 마음을 말한다. 그래서 팔복 중에 첫 번째가 비우는 복이다. 나머지 일곱 가지 복은 채우는 복이다.

귀한 것을 담기 위해서는 먼저 비우고 그 다음 채우는 것이다. 온갖 쓰레기를 담고서 귀한 것을 담을 수는 없는 노릇이다. 이 겸손은 양보의 마음을 포함한다. 다른 사람을 위해서 내어 놓을 수 있는 빈 마음이 양보할 수 있는 마음이다. 겸손한 자만이 양보할 수 있는 것이다.

우리 사회는 더 이상 양보하는 시대가 아니다. 무한 경쟁의 시대이다. 이런 시대일수록 양보는 우리 사회를 건강하고 밝게 만들어 가고 평화로운 사회를 만드는 밑거름이 된다. 이삭이 그랬던 것처럼 양보는 더 이상 손해가 아니다. 우리가 살아가는 세상을 살기 좋은 세상으로 만들어 가는 영적 정신인 것이다.

둘째, 평화를 사랑하는 신앙이다.

평화를 사랑한다는 것은 생명을 소중히 여기는 마음이다. 교회는 이 땅에 평화를 심기 위해서 존재한다.

이삭의 이런 정신을 "종이 심히 많음으로"(창26:14)라는 말씀 속에서 찾아볼 수 있다. 히브리어 성경원문에는 나이든 종이라고 기록되어있다. 하인을 부릴 때 종의 나이가 많으면 곤란하다. 당시에 종이 나이 들어 노동력을 상실하게 되면 쓸모가 없어 가족들과 함께 밖으로 내 보냈다. 하지만 이삭은 그렇게 하지 않았다. 생명을 소중하게 여긴 것이다. 주인이 나이든 종을 내보낸다고 손가락질 할 사람은 아무도 없지만 이삭이 그 생명을 사랑해서 품는 것이다.

셋째, 브엘세바의 신앙은 인내하는 신앙이다.

누구나 한 두 번의 양보는 할 수 있다. 그러나 인내함이 없다면 양보는 오래갈 수 없다. 오래 동안 자신의 모든 것을 양보하고 포기하기란 쉽지 않다.

우물은 이삭의 삶의 기반이었다. 이삭은 불평할 수도 있었고 전쟁을 치를 수도 있었다. 그러나 우물을 빼앗기고 들판에서 잠을 잘 수밖에 없었던 상황 가운데서도 어느 날 밤에 하나님께서 주셨던 "내가 너와 함께 있어 네게 복을 주어 네 자손으로 번성케 하리라"라는 약속의 말씀을 가슴에 새기고 이루실 그 날이 올 때까지 인내했다. 인내했기 때문에 이삭이 복을 받아 누릴 수 있었다고 성경은 말하고 있는 것이다.

양보하는 신앙은 우리 사회를 밝고 건강하게 만든다. 동시에 고난 가운데서도 인내하는 신앙은 우리 자신으로 하여금 하나님의 복을 받아 누릴 수 있게 한다.

영적 거장으로서 이삭의 이러한 브엘세바의 신앙 즉 양보하는 신앙, 평화를 사랑하는 신앙 그리고 인내하는 신앙을 우리도 가지고 이 시대를 살아가야겠다. 이삭처럼 사는 것이다. 브엘세바의 우물파는 이야기는 성공적인 인간관계를 맺어가는 이삭의 또 다른 면을 보여주는 것이다. 행복한 삶 뒤에는 행복한 인간관계가 숨어 있다. 적대적인 관계 속에서도 성공적인 인간관계를 만들어 갈 줄 아는 이삭의 신앙과 지혜를 엿볼 수 있다.

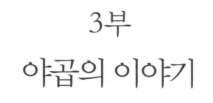

3부
야곱의 이야기

12
사람답게 사는 길

(창 25:27-34)

일본역사 이야기를 담은 '제국의 아침'이라는 책 속에 등장하는 인물 중에 '사카모도 료오마'라고 하는 검객이 있다. 그는 명치유신을 성공시킨 인물들 중 한 사람이다. 안타깝게도 서른셋의 나이에 암살을 당해 생을 마쳤다. 짧고 굵게 살다 간 사람이었다.

그는 비록 그리스도인은 아니었지만, 그가 살아온 행적은 대단히 그리스도인다운 면이 있었다. 그는 하급 사무라이 아들로 태어났지만, 마침내 이름 난 검객이 되어서 일본을 개혁하는 혁명운동에 앞장서게 되었다.

명치유신이 일어나기 직전 일본은 나라를 새롭게 하자는 개혁파와 도쿠가와 이에야스의 막부세력인 수구세력 간에 큰 내란이 일어날 상황이었다. 이 때 혁명파의 젊은 지도자였던 사카모도 료오마가 목숨을 걸고 수구파 최고 책임자를 찾아가서 다음과 같은 말로 담판을 지었다.

"당신도 나도 다 일본사람인데, 우리가 서로 물고 뜯으면 일본사람만 죽는 것 아닌가? 새로운 일본을 건설하기 위해서 우리 서로 힘을 뭉치자. 서로 양보하고 뭉치자. 혁명파와 수구파가 서로 싸워서 기진맥진하게 되면 결국 서양 제국주의가 틀림없이 우리 일본을 식민지화 하려고 달려들 것이다."

실제 인도, 필리핀, 베트남, 인도네시아, 호주, 뉴질랜드 등 수많은 나라가 그렇게 식민지가 되었다. 당시 서양 제국주의 속한 영국, 포르투갈, 스페인, 프랑스, 미국 등은 비도덕적인 방법으로 다른 나라를 식민지화 했다.

제국주의 국가들은 상대 나라의 개혁파와 수구파간에 싸움이 일어나면 양쪽 모두에게 자금과 무기를 비밀리에 지원했다. 그렇게 자기들끼리 싸우다가 기진맥진하게 되면 그 때 밀고 들어가 식민지로 만들어 버리는 것이다.

우리나라도 그렇게 일본에게 당했다. 구한말 개혁파와 수구파간에 당파 싸움이 심할 때 양쪽 모두 끄나풀을 연결하여 조정했던 게 바로 일본이었다. 결국 양쪽 모두가 싸움에 지쳐 기진맥진해 있을 때 일본은 우리나라를 식민지화 해버렸다. 이것이 제국주의 나라들의 전형적인 방법이었다.

사카모도 료오마는 30대 초반에 이러한 당시 상황을 정확히 꿰뚫어 보았다. 그의 혜안과 설득을 통하여 명치유신이 1868년에 피 한 방울 흘리지 않고 성공했다. 그래서 명치유신을 일컬어 무혈혁명이라고 하는 것이다. 불과 150여 년 전 일이다.

혁명을 성공한 뒤 혁명에 참가한 각 파벌들의 대표들이 혁명 정부를 구성하기 위해 모였다. 다소간의 자리다툼이 있었다. 치열한 논공행상이 논의되는 가운데 사카모도 료오마가 대표로 내각의 초안을 작성하게 되었다. 그는 동료들에게 공평하게 조각할 것을 약속하고 잠시 기다리라는 말을 남기고 혼자 다락방에 올라갔다. 몇 시간 동안 깊이 생각하면서 조각을 했다.

몇 시간이 흐른 뒤 다락방에서 내려온 사카모토 료오마는 문서 하나를 내밀었다. 내각의 명단이었다. 아주 공평하게 조각이 되어 있었다. 그런데 한 사람의 이름이 없었다. 그는 다름 아닌 바로 사카모도 료오마 자신의 이름이었다. 스스로 빠진 것이다. 대부분의 사람들은 최고의 수장, 총리직은 당연히 사카모도 료오마가 맡을 것이라고 생각했지만, 정작 본인의 이름은 빠져 있었던 것이다.

사람들이 왜 당신 이름이 없냐고 물었다. 사카모도 료오마는 "저는 여러분에게 모든 자리를 맡기고 다른 일을 하고 싶습니다. 혁명을 하는 가운데 우리가 싸우기 위해서 만들었던 전투함들을 다 모아서 무역상선으로 개조하여 전 세계를 돌면서 조국 일본을 위해 일하고 싶습니다"라고 대답했다.

그가 던진 이 말 한마디에 그 자리에 있던 모든 사람들이 감동을 받았다. 최고의 공로자가 자리를 탐하지 않고 미래의 일본을 위해서 다른 사람들은 상상하지도 못했던 창조적이고 건설적인 세계경영을 생각한 것이다. 이로 인해 명치유신 초기에는 파벌이나 자리에 대한 다툼이 전혀 없었다. 이것이 바로 '삿조동맹'이라고 알려져 있다

그리스도인은 작은 자기에게 얽매이지 않고, 개인의 욕심이나 출세에 빠져 있지 않으며, 어떤 길로 가야 쉽고 편하게 살 것이냐를 고민하지 않고, 보다 큰 목표를 향해서 살 수 있어야 한다. 뜻을 이룬 뒤 자리에 연연해하지 않고 깨끗하게 물러설 수 있어야 한다.

사카모도 료오마가 그 당시 무역을 통해서 세계경영을 도모했다는 것 자체가 탁월한 미래지향적인 생각이다. 그렇게 생각이 넓고, 크고, 깊은 인재들을 우리 교회가 길러내야 한다. 성경은 처음부터 세계경영과 자기 자신을 넘어서는 큰 마음을 품도록 가르치고 있다.

우리는 작은 것에 얽매여서 벗어나질 못하는 경우가 대단히 많다. 그래서 일을 그르치는 것이다. 돈에 얽매이고, 열등감 속에 자기연민과 자기

동정심에 빠지고, 자기감정에서 벗어나지 못하고, 유혹거리에 빠져 얽매이고, 좋지 않은 습관에 얽매이고, 오래된 분노에 얽매이고, 원한과 용서하지 못하는 마음에 얽매이고, 어떤 자리에 집착해서 얽매여 있다.

이에 대해 성경은 모든 얽매이기 쉬운 것과 죄를 벗어버리라고 요청한다. 얽매여 있다는 것 자체가 죄가 되기 때문이다.

"이러므로 우리에게 구름 같이 둘러싼 허다한 증인들이 있으니 모든 무거운 것과 얽매이기 쉬운 죄를 벗어 버리고 인내로써 우리 앞에 당한 경주를 하며 믿음의 주요 또 온전하게 하시는 이인 예수를 바라보자"(히 12:1-2).

우리가 그리스도인답게 산다는 것은 세속과 자기 자신에게 얽매이지 않고 하나님의 뜻과 보다 큰 일에 자기 한 몸을 헌신할 수 있는 사람으로 산다는 것이다. 에서와 야곱이라는 두 인물을 통해서 그리스도인답게, 사람답게 사는 길은 어떤 것인지 대한 영적 기준을 살펴 볼 수 있다.

자기 자리를 지키라

야곱과 에서 중 누구를 먼저 책망해야 하는가? 야곱이다. 도둑이 어떤 집에 들어가서 물건을 죄다 훔쳐갔는데, 실수로 문을 열어두고 집을 비운 주인을 먼저 책망할 수는 없기 때문이다.

하나님께서 야곱의 손을 들어 주신 것으로 성경이 기록하고 있기 때문에 우리는 별 생각 없이 야곱의 행동을 정당화하고 합리화시키고, 에서는 옳지 않은 사람으로 생각하게 되었다.

당시 이스라엘 민족은 유목민족이다. 한 자리에 머물러 사는 사람들이 아니다. 가축 떼를 데리고 옮겨 다니며 살았다. 이런 사람들은 보통 양식을 사냥을 해서 구한다. 불가피한 경우에만 가축을 잡아서, 그 가죽으로 옷도 만들고 음식으로도 사용한다.

그래서 이스라엘 민족과 같은 유목민들에게 사냥을 잘한다는 것은 아주 중요한 것이다. 그런 관점에서 보면, 형 에서는 훨씬 더 사나이답고 인간미가 넘치는 멋진 아들이었다. 가족의 생계를 책임지던 역할을 했기 때문이다.

반면에 야곱은 내성적이고 소심한 사람이었다. 성경은 이것을 '종용한 사람'이라고 표현하고 있다. 성격이 차분하지만 소극적이고 내성적이어서 부모의 품에서 곱게 자란 인물이었다. 동갑내기 쌍둥이 형이 가져다준 사냥감으로 배를 채우고 살아가던 아들이었다.

그래서 그런지 동생 야곱은 꾀가 많았고, 권모술수에도 능했다. 그는 자신의 유익을 위해서 형과 아버지를 속였던 사람이다. 요즘말로 하면 겉과

속이 다른 사람이었다.

그런데 왜 하나님께서는 두 사람 중에 더 효자였던 형, 에서의 손을 들어 주신 것이 아니라, 속임수와 권모술수에 능했던 야곱의 손을 들어주셨을까? 왜 더 멋있고 남자다운 에서를 칭찬하지 않고 도덕적으로 문제가 있고 허물이 컸던 야곱의 손을 들어주셨을까?

사실 처음부터 하나님께서는 야곱의 손을 들어 준 것은 아니었다. 야곱이 죄를 짓고 난 이후의 결과가 이를 증명해 준다. 형과 아버지를 속이고 얻은 결과는 끊임없이 도피하며 사는 불안한 삶의 연속이었다.

유약하게 자라난 야곱이 부모의 품을 떠난다는 것 자체가 고통의 시작이었다. 간신히 도망간 곳이 외삼촌 집이었는데, 20년간이나 그곳에서 일하면서 외삼촌에게 이용만 당했다. 사기를 당한 셈이나 다를 바 없는 것이다. 외삼촌 집에서 조차도 도망치듯 나올 수밖에 없었던 인생을 살았던 사람이었다. 사람답게 사는 인생이 아니었다.

그렇다면 왜 하나님께서는 개인적으로 결함이 있고 때로는 비도덕적이고 얼룩진 인격을 가진 야곱을 영적인 사람이라고 하시고, 에서를 육의 사람이라고 하셨을까?

이야기를 조금 거슬러 올라가자. 에서가 사냥을 다녀온 후에 지치고 시장할 때 야곱이 팥죽을 쑤고 있었다. 에서가 그 팥죽을 보고서 배가 몹시 고프니 팥죽 한 그릇만 달라고 동생에게 부탁했다. 야곱은 지치고 시장한

형의 약점을 이용해서 자기의 목표를 달성하려고 했다. 형에게 장자권을 넘기는 조건으로 팥죽 한 그릇을 건네주었다.

에서는 장자권을 가지고 있어 봐야 이름뿐이라고 생각했다. 요즘 말로 떡이 나올까 돈이 나올까 하는 식으로 쉽게 생각하고 그냥 동생에게 넘겨버렸다. 그런데 하나님께서는 약삭빠르게 형을 속이는 야곱을 나쁘게 보시지 않고 장자의 권리를 쉽게 동생에게 넘겨버린 에서를 나쁘게 생각하신 것이다.

"야곱이 떡과 팥죽을 에서에게 주매 에서가 먹으며 마시고 일어나 갔으니 에서가 장자의 명분을 가볍게 여김이었더라"(창 25:34).

이 말씀을 통해 하나님께서 중요하게 여기시는 관점이 무엇인지 알 수 있다. "장자의 명분을 가볍게 여김이었더라" 이것이 그리스도인답게 사는 길이 무엇인지에 대한 첫 번째 대답이다.

그리스도인답게 산다는 것은 곧 하나님께서 태어날 때부터 주셨던 자기의 자리, 자신의 삶의 현장, 자기 자신에 대해서 충실해야 된다는 것이다.

장자로 태어났으면 장자로서, 차남으로 태어났으면 차남으로서, 농부로 났으면 농부로서, 어부로 태어났으면 어부로서, 하나님으로부터 받은 현실을 성실하고 적극적이고 긍정적으로 받아들이고 살아야 함을 말한다.

하나님께서 주신 삶의 자리와 조건들을 소중히 생각하고, 아무리 힘들고 어려워도 그것을 진지하게 성실하게 책임감 있게 지켜나간다는 것이 중요하다.

칼을 가졌다고 다 무사가 되는 것은 아니다. 양복을 입었다고 다 신사가 되는 것도 아니다. 무사에게는 무사도(武士道)라는 것이 있고, 신사에게는 신사도(紳士道)라는 것이 있다.

그리스도인에게도 그리스도인다움의 정신이 있다. 이 정신을 에서가 소홀히 여겼던 것이다. 그런 점에서 하나님께서는 에서가 영적이지 못한 사람이라고 판단하신 것이다.

영적인 변화

야곱도 얍복 강가 이전까지는 영적인 사람이 아니었다. 야곱은 형과 아버지를 속이고 도피생활 20년 만에 고향으로 돌아오는 중에 너무나 불안해서 종들을 가축과 함께 먼저 강을 건너가게 한다. 누가 물으면 동생 야곱이 형 에서에게 주려고 가지고 가는 선물이라고 말하도록 당부하고 정작 자신은 맨 마지막에 가족과 함께 동행했다.

그럼에도 불구하고 불안한 마음이 가시지 않았다. 결국 가족들조차도 먼저 보내고 마지막으로 얍복 강가에 혼자 남아 하나님께 매달리기 시작했다. 거기서 야곱은 엄청난 영적인 변화를 경험하고 강을 건너가 형을 만나게 된다. 20년 만에 만나는 형이다. 형을 만나 건넨 첫마디 인사가 "내가 형님의 얼굴을 뵈온즉 하나님의 얼굴을 본 것 같사오며"(창 33:10)라는 말이었다.

나는 이 말을 권모술수에 능한 야곱이 자기 목숨을 부지하기 위해서 형에게 하는 간사한 아첨의 말로 오랫동안 생각을 해 왔다. 그런데 그것이 아니었다.

조선을 개국한 태조 이성계와 그의 스승인 무학 대사가 하루는 서로 농담을 주고받는데 왕이 대사에게 "스님의 얼굴은 꼭 돼지 같습니다"라고 놀리자 무학 대사는 "왕의 얼굴은 꼭 부처님 얼굴 같습니다"라고 하였다. 왕이 "왜 저는 나쁘게 이야기를 하는데 스님께서는 저를 좋게 평하십니까?"라고 물어보자, 대사는 "돼지 눈에는 돼지가 보이고 부처 눈에는 부처가 보입니다"라고 대답했다.

마찬가지이다. 야곱은 얍복 강가에서 하나님을 깊이 만난 뒤 영적으로 거듭난 사람이 된 것이다. 그래서 형님이 변한 것이 아니라 형님을 바라보는 야곱 자신의 마음이 변한 것이다. 하나님의 얼굴을 자기 속에 품게 되면 상대방도 하나님의 얼굴로 보이는 것이다.

거듭난 체험을 한 이후에 바라보는 형은 더 이상 나를 죽이려는 두려운 형이 아니었다. 먼저 찾아가서 화해하고 형제간에 막힌 담을 허물며 '샬롬'을 이루며 살아가야할 형의 존재인 것을 깨닫자, 형의 얼굴이 참으로 하나님을 보는 것 같이 기쁨이 넘쳐서 하는 말인 것이다.

약점과 허물이 많았던 야곱을 영적인 사람이라고 하는 것은 결정적인 순간에 하나님 앞에 무릎을 꿇었기 때문이다. 야심과 정욕과 자기 꾀를 따라 온갖 말과 행동을 했지만 얍복 강가에서 밤새 씨름하면서 하나님을 만난 이후로 야곱은 그의 전인격과 가치관이 완전히 새롭게 변화되었다.

이때부터 야곱은 자기 인생을 자신이 이끌어 가는 것이 아니라 하나님께서 이끄시는 인생으로 살아가게 된다.

그리스도인답게 사는 길

간단히 되짚어 보자. 이 시대에 그리스도인답게 살려면

첫째, 자기 삶의 현장에 충실해야 한다. 하나님께서 있게 하신 지금 이 자리에서 최선을 다해 사는 것이다. 소중한 것을 보잘 것 없는 자리로 여기지 않아야 한다.

둘째, 영적인 변화가 있어야 한다. 그리스도인답게 산다는 것은 끊임없이 하나님이 기뻐하시는 모습으로 영적인 변화를 이루어가야 한다. 이를

테면 성화의 과정이다. 말씀 안에서 날마다 믿음과 삶이 새로워지고, 영적
으로 살아있는 우리가 되어야 한다. 이것이 바로 그리스도인답게 사는 길
이다.

13

이스라엘
-영원한 이름

(창 35:1-7)

누구나 살아오면서 크고 작은 시련과 위기를 겪게 된다. 그런 위기와 시련을 겪으면서 영성이 더 깊어지는 사람이 있는 반면에, '하나님은 과연 살아 계시는가? 살아계신다면 이럴 수 있는가?'라는 회의 속에서 신앙이 식거나 신앙을 버리고 교회를 떠나는 사람들도 종종 있다.

독실한 그리스도인이었던 헤르만 헷세가 "하나님은 한 쪽 문을 닫으시면 다른 한 쪽 문을 여신다"라고 말했던 것처럼, 신앙인은 위기 가운데서 인생의 길이 막힐 때 하나님은 그 위기와 시련을 극복할 수 있는 또 다른 길로 우리를 인도하심을 믿어야 한다.

지렁이에서 이스라엘로

야곱의 인생에 제목을 붙인다면 어떻게 붙일 수 있을 까? 미국에서 흑인 노예로 태어나서 대학교 총장까지 지냈던 분의 자서전 제목이 'From the bottom to the top'(바닥에서 정상까지)이다. 어쩌면 이 제목이 야곱의 일생을 표현하는데 있어서 가장 적합하다는 생각이 든다.

야곱은 젊은 날에는 야심가였다. 자기의 야심을 이루기 위해서 권모술수를 부리고 수단과 방법을 가리지 않았던 사람이다. 그런 야곱도 임자를 만나서 외삼촌 라반한테 호되게 당했다.

20년 만에 초라하게 도망가듯이 삼촌 집을 빠져 나왔다. 그러나 세월 속에서 점점 영적인 사람으로 승화가 되어서 노령의 야곱은 신령한 사람으로 바뀌었다.

비록 젊은 날의 야곱은 사기성은 물론 권모술수가 능한 사람으로 자신이 저지른 실수 때문에 한 때 바닥을 헤매고 다녔다. 그럼에도 불구하고 그런 야곱 속 깊은 곳에는 은혜를 사모하는 마음이 숨어 있었다. 그래서 야곱이 마지막 숨을 거두기 직전의 모습을 보면 얼마나 깊은 영적인 자리에 이르렀는지를 찾아 볼 수 있다.

창세기 49장을 보면 야곱이 숨을 거두기 전에 열 두 아들을 불러놓고 한 명 한 명 축복 기도를 하는 내용이 나온다. 그 기도가 이스라엘 열 두

지파에게 수백 년을 거치는 동안 그대로 다 성취될 정도로 야곱은 깊은 영적인 경지에 이르렀던 것이다.

성경에서는 야곱의 일생을 두 단어로 비교해서 효과적으로 표현한 부분이 있다. 이사야서 41장 14절을 보면, 한 때는 하나님께서 야곱을 가리켜 "지렁이 같은 야곱아"라고 부르셨다. 완전히 "밑바닥 같은 너 야곱아"라고 하신 것이다. 그러나 나이 들어 늙어가면서 점점 신령해 져서, 나중에는 하나님께서 "너 이스라엘아"라고 부르셨다.

"하나님이 그에게 이르시되 네 이름이 야곱이지마는 네 이름을 다시는 야곱이라 부르지 않겠고 이스라엘이 네 이름이 되리라 하시고 그가 그의 이름을 이스라엘이라 부르시고"(창 35:10).

하나님께서 벧엘로 돌아온 야곱에게 지금까지는 야곱이라는 이름으로 살아왔지만 이후로부터는 이스라엘이라는 이름으로 살 것을 말씀하셨다. '이스라엘'이라는 이름은 '하나님의 왕자'라는 뜻이다. 야곱이 젊은 시절에는 한 때 땅바닥을 기는 지렁이와 같은 인생을 살았지만, 세월 속에서 영적으로 승화가 되어 '하나님의 왕자'라는 소리를 들을 정도로 격상 된 것이다.

우리도 이런 야곱의 이야기를 읽으면서 세월이 지날수록 더 고상해지고 품격 있는 그리스도인이 되어야 한다. 하나님의 형상을 닮아갈 수 있어야 한다. 지금은 인간 아무개지만, 세월이 갈수록 '하나님의 사람'이라는 칭찬을 들을 수 있어야 한다.

돌베개

바닥에서 정상으로 올라가는 야곱의 삶을 잘 보여주는 찬송이 있다. 세상 살면서 인간에 대해서 실망하고, 자신에 대해서 좌절하고, 자신과 타인으로 인해 상처받기도 하면서 인생의 쓴 맛을 보게 될 때 우리 입에서 나오게 되는 찬송이다.

"내 주를 가까이 하게 함은 십자가 짐 같은 고생이나 내 일생 소원은 늘 찬송하면서 주께 더 나가기 원합니다"라는 찬송이 가슴에서 나오는 것이다. 이 찬송의 영어제목은 'Nearer nearer to my God'(하나님께 더 가까이, 가까이)이다.

하루하루 살면서 날마다 더 가까이 하나님께 나가기 원한다는 고백이다. 고난과 시련과 위기를 겪을 때 우리들에게 큰 영감과 힘을 더해주는 찬송이다. 이렇게 중요한 찬송가들은 성경적인 배경을 가지고 있는 경우가 많다.

애국지사이며 광복군 대위로서 조국광복을 위해서도 애를 많이 썼지만,

박정희 정권 때 바른 소리를 너무 많이 해서 고초를 당하고 결국 의문사한 장준하 선생이라는 분이 있다. 포천 약사봉에서 실족사 했다고도 하고 박정희 정권이 암살했다고도 하는 논란이 지금까지도 있다. 그 분은 독실한 그리스도인이었다. 조국광복을 위해서 일했던 애국자이자, 언론인으로서, 한국 최초로 막사이사이상도 받은 탁월한 분이셨다.

그가 학도병으로 일본군에 끌려가 만주에서 일본군 소위로 있다가 친구 몇 명을 데리고 탈영을 했다. 일본군은 잡으려 뒤 따라오고, 중국 빨치산들은 일본의 밀정으로 의심해서 제거하려고 했었다. 죽을 고비를 수십 번 넘기면서 중국에 있는 김구 선생의 휘하로 찾아갔다.

그가 숱한 죽을 고비를 넘기면서 중국벌판을 헤맬 때 자서전 한권을 썼다. 그 책의 제목이 '돌베개'이다. 아마도 야곱처럼 쫓기는 신세를 생각하면서 제목을 그렇게 지었던 것 같다.

야곱의 돌베개는 이렇게 고난 받는 수많은 사람들에게 영감을 주는 이야기가 된 것이다. 꿈과 이상을 가지고 현실을 극복하려고 노력하는 사람들에게 있어서 야곱의 이야기는 영혼의 양식이다.

야곱의 아버지 이삭은 사람이 깨끗하고 욕심이 없었다. 좋은 아내를 만나 살면서 임신하지 못하는 아내를 위해서 기도를 하자 하나님께서 응답을 해 주셨다.

"이삭이 그의 아내가 임신하지 못하므로 그를 위하여 여호와께 간구하매 여호와께서 그의 간구를 들으셨으므로 그의 아내 리브가가 임신하였더니"(창 25:21).

아내가 가장 힘들어 할 때 기도해주는 남편이 참으로 훌륭한 배우자이다. 대부분의 남편들이 아내보고 기도하라고 말만하지 정작 자신들은 기도하지 않는 경우가 많다. 이삭은 아내를 위해 한결같이 기도해 주던 좋은 남편이다. 닮아야 할 남편상이다.

이삭처럼 그렇게 사랑하는 아내를 만나서 조용하게 살았던 아버지하고는 달리 야곱은 초롱초롱한 눈을 가지고 동서남북으로 헤매고 다녔다. 야곱은 자기의 집념과 야심 때문에 고통당했다.

이것은 우리 자신의 이야기이기도 하다. 젊은 날 한 세상 시시하게 살지 않겠다며 꿈과 야심을 가지고 자꾸 일을 벌이다가 자신이 파 놓은 구덩이에 자신이 빠지는 격이다. 야곱은 한 때 철없이 젊은 날을 살았다.

요즘은 자신의 꿈을 따라 사느라 결혼을 미루는 젊은이들이 꽤나 많다. 부모 눈에는 장가 안간 자식은 여전히 철없이 보이는가 보다. 결혼하면 철들까? 모르는 일이다. 결혼하면 철들 것 같아도 매 한가지인 경우가 참 많다. 야곱의 경우가 그랬다. 결혼 전이나 결혼 후 사고치기는 매 한가지였다.

요즘도 그렇다. 결혼해서도 뒷감당을 못하는 남편들이 참 많다. 아내에게 짐을 떠넘긴다. 이런 저런 일을 벌려놨다가 감당을 못하면 아내에게 수습해 달라고 떠 넘겨버리곤 한다. 아내는 흔히 하는 말로 콩나물 값 아껴가면서 발바닥이 부르트도록 뛰어 다니며 수습해서 겨우 이제 먹고 살만하면 철없는 남편은 또 나가서 일을 저지른다.

웃자고 하는 이야기가 아니다. 나는 상담을 공부하고 목회도 하지만 대학에서 가르치면서 이런 저런 상담을 하는 경우가 많이 있다. 철없는 아내 이야기보다는 철없는 남편의 이야기가 훨씬 더 많다. 어쩌면 내 이야기인지도 모르겠다. 각자 생각하고 판단할 일이다.

갈등

야곱 이야기로 돌아가자. 심리학에서 사용하는 말 중에 '야곱 신드롬'이라는 말이 있다. 일종의 '차남 콤플렉스'로 무거운 의무 대신에 재산상의 보호를 받는 장남과 달리 아무런 보장 없이 사회에 던져지기 때문에 시행착오를 거치면서 고난과 개척 끝에 성장해 나간다는 것이다.

야곱이 위대한 것은 그런 인간적인 정열(passion), 다혈질, 야심들이 세월이 지나면서 점점 하늘을 우러러 보고 영적으로 승화돼 갔다는 점이다.

"꿈에 본즉 사닥다리가 땅 위에 서 있는데 그 꼭대기가 하늘에 닿았고 또 본즉 하나님의 사자들이 그 위에서 오르락내리락 하고"(창 28:12).

야곱은 갈등 속에서도 하나님을 쳐다보았다. 이것이 야곱의 가능성이자 영적인 잠재력인 것이다. 그래서 '하늘에 닿는 사닥다리'란 대단히 상징적인 표현이다.

야곱은 인간적인 야심과 집념 속에서도 하늘을 바라보는 눈이 있었던 것이다. 어리석음과 갈등 속에서도 영적인 것을 추구하고 사모하는 신앙이 밑바닥에 있었다. 우리 안에도 그런 가능성들이 다 있다. 가능성을 현실화하는 것이 능력이다. 믿음도 마찬가지이다. 우리 안에 주신 가능성을 가지고 현실 속에서 능력 있게 살아야 한다.

벧엘로 올라가라

"나는 벧엘의 하나님이라 네가 거기서 기둥에 기름을 붓고 거기서 내게 서원하였으니 지금 일어나 이곳을 떠나서 네 출생지로 돌아가라 하셨느니라"(창 31:13).

이 본문을 풀어 보자. 야곱이 절망과 고난에 있을 때마다 나타나셔서 위로와 소망의 말씀을 주셨던 하나님께서 다시 나타나셔서 "야곱아 그 때 마음으로는 결단하고 예배를 드리지 않았냐? 너 아직도 그러고 있냐? 돌이켜 가라. 네가 결단했던 것처럼 네 출생지 고향 땅으로 가서 아버지에게 용서를 구하고 형님께 사과하고 관계를 회복하라"고 말씀하시는 것이다.

그리스도 안에서 용서가 어려운 것이다. 세상 사람들은 술 한 잔 마시고 끝낼 일도 예수 믿는 사람들은 잘 안 된다. 성경을 배웠으니까 머리로는 용서해야 될 줄 아는데, 마음으로 칼을 갈 때가 있다. 술도 안취했으니까 아주 확실하게 잘 가는 것이다.

야곱이 보낸 20년의 세월이 허무해질 때 하나님은 "지금 일어나 돌담을 쌓았던 그곳으로 가라"고 말씀하시면서 다시 결단하게 하시는 것이다. 하지만 돌아가다가 또 미련이 생겼다. 이것이 야곱의 병이다.

"야곱은 홀로 남았더니 어떤 사람이 날이 새도록 야곱과 씨름하다가"(창 32:24).

에서 때문에, 야곱은 불안해하며 또 주저한다. 야곱의 불안은 우리 내면의 갈등과 투쟁을 말한다. 에서의 길이냐? 야곱의 길이냐? 육신의 법이냐 성령의 법이냐? 자신의 감정을 따를 것이냐? 하나님의 말씀의 법을 따를 것이냐?

얍복 강가에서 하나님과 씨름하던 그 순간은 너무도 유명한 사건이다.

그래서인지 수많은 문장가들의 시와 글로, 예술가들의 그림으로 그려지고 표현되고 있다.

그 다음 날 에서를 만나서 야곱은 고비를 잘 넘겼다. 고비를 넘기고 나니까 또 딴 생각을 하게 된다. 이것이 인간이다. 군대 갈 때는 다 사람이 되어서 나올 것 같지만 제대하고 나서 몇 달 지나면 신앙도, 철들었던 것도 사라져버린다고 말하지 않던가! 꼭 그 모양이다.

"야곱이 밧단아람에서부터 평안히 가나안 땅 세겜 성읍에 이르러 그 성읍 앞에 장막을 치고"(창 33:18).

벧엘까지 한 40km 정도 되는 지역을 지나가면서 야곱에게 또 미련이 생긴다. 지나가던 곳이 사람 살만한 곳이었던 모양이다. 요즘말로 집짓고 땅을 사면서 또 판을 벌렸다. 여기서 보낸 세월만 30년이다. 그러다가 드디어 창세기 34장에서 큰 위기를 당하게 되었다.

야곱의 딸 디나가 마을에 나갔다가 강간을 당했다. 야곱의 아들들이 복수 차 나서서 디나를 강간한 원주민 추장의 아들과 모든 남자들을 잡아 죽였다. 이 일로 전쟁이 일어나 뜨내기 야곱의 가정이 완전히 몰살당하게 될 위기에 처한 것이다.

"우리가 일어나 벧엘로 올라가자 내 환난 날에 내게 응답하시며 내가 가는 길에서 나와 함께 하신 하나님께 내가 거기서 제단을 쌓으려 하노라 하매"(창 35:3).

이 말씀을 성경에 나타나는 첫 번째 부흥회라고 말한다. 야곱 가정의 부흥회인 것이다. 야곱은 하나님의 말씀을 따라 집안 식구들을 다 불러 모았다. 가족들에게 위기를 극복할 유일한 해결책은 오직 하나 뿐이라고 설명한다. "일어나 벧엘로 올라가자"라고 선포한 것이다.

"내 환난 날에 내게 응답하시며 내가 가는 길에서 나와 함께 하신 하나님께"라는 말씀의 원문은 "내가 몰랐을 때도 나와 함께 하셨던 하나님, 내 30년 나그네 인생길에 항상 나와 함께 하셨던 하나님"이라고 되어 있다.

"야곱이 밧단아람에서 돌아오매 하나님이 다시 야곱에게 나타나사 그에게 복을 주시고 하나님이 그에게 이르시되 네 이름이 야곱이지마는 네 이름을 다시는 야곱이라 부르지 않겠고 이스라엘이 네 이름이 되리라 하시고 그가 그의 이름을 이스라엘이라 부르시고"(창 35:9-10).

하나님은 디나 사건을 통하여 야곱에게 "이번 일로 다시 한 번 정신 차리고 이스라엘이라는 이름에 걸맞게 살라"고 하시면서 얍복 강가에서처럼 다시 이스라엘이라는 이름을 확인시켜 주신다.

야곱이 돌아오자 준비해 놓았던 복을 주신 것이다. 이 일 후 야곱은 다시는 어리석은 일을 되풀이하지 않았다. 그래서 훌륭한 믿음의 족장, 선배로서 성경에 기록된 것이다.

인생의 위기를 만나면 언제나 벧엘로 돌아가야 한다. 언제나 우리와 함께 계시는 하나님께로 돌아가야 한다. 말씀과 기도의 자리로, 주신 사명으로 돌아가야 한다. 우리가 돌아갈 때 다시 일으켜 주시는 분이 하나님이시다.

4부
요셉의 이야기

14
인간 요셉

(창 37:1-11)

성경인물 가운데 가장 닮고 싶고 따르고 싶은 인물이 있다면 누구일까?

우리는 지금까지 아브라함과 이삭과 야곱에 대한 생애를 살펴보았다. 아브라함을 믿음의 조상이라고 말하지만, 야곱은 믿음의 조상이라고 말하지 않는다. 이 사람에게는 인간적인 실수가 많이 보이기 때문이다.

요셉도 믿음의 조상이라고 부르지는 않지만, 아브라함과 이삭과 야곱의 좋은 점들이 다 녹아져서 우리가 닮아가고 따라가야 할 이상적인 모델로 하나님께서 우리에게 보여주신 것이라고 할 수 있다. 그래서 요셉을 가리켜 구약의 예수 그리스도라고 말하는 것이다.

요셉의 삶을 볼 때마다 우리가 감동과 격려와 용기를 얻게 되는 것은,

그가 최악의 상황을 최선의 축복으로 바꿨다는데 있다. 우리는 누구든지 어려운 일과 위기를 경험한다. 그러나 위기가 문제가 아니다. 그 위기를 축복으로 어떻게 바꾸느냐가 중요한 것이다.

요셉의 특징 중에 하나는 환경 탓, 조상 탓을 안 한다는 것이다. 우리는 쉽게 환경 탓, 조상 탓, 사람 탓을 잘한다. 하지만 요셉은 그렇게 억울하고 그렇게 어려운 순간에도 하나님도, 사람도, 그 누구도 원망하지 않는다. 그렇게 자기를 힘들게 했던 사람들을 미워하지 않았다. 그는 불같은 유혹 속에서도 순결을 지켰으며, 기막힌 절망 속에서도 꿈을 포기하지 않았다.

요셉의 네 가지 특징

요셉의 생애 전체를 놓고 보면 네 가지로 그가 어떤 사람인지를 설명할 수 있다.

첫째, 요셉은 정직한 사람이다. 우리 시대의 위기는 정직하지 않다는 데 있다. 정직이 무너지니까 다 무너지는 것이다.

둘째, 요셉은 꿈의 사람이다. 꿈을 꿀 줄 알았고 이룰 줄 알았던 사람이다. 어떤 위기 속에서도 꿈을 간직했던 사람이 요셉이다. 꿈 때문에 자신을 지킬 줄 알았던 사람이다.

셋째, 요셉은 하나님을 신뢰하는 믿음의 사람이다. 하나님을 신뢰하기 어려운 상황에 수없이 부딪쳤지만 요셉은 여전히 하나님을 신뢰하는 믿음의 사람이었다.

넷째, 요셉은 용서의 사람이다. 형들을 용서할 뿐 아니라, 모든 사람을 다 품어주는 사랑과 용서로써 요셉의 생애가 마무리 된다. 우리는 요셉의 삶을 보면서 이런 기도를 드릴 수 있지 않을까? 아마도 요셉을 닮고 싶은 마음에서 드리는 기도일 것이다.

"주여, 나로 하여금 정직한 사람이 되게 하옵소서. 어떤 경우에라도 정직을 잃어버리지 않는 사람이 되게 하시고, 나로 하여금 꿈을 잃지 않는 환상의 사람이 되게 하소서. 이 환상을 이룰만한 믿음의 사람이 되게 하여 주시고, 모든 것을 다 이루었을 때 모든 사람을 다 용서하고 포용하는 사람이 되게 하여 주옵소서."

성경을 해석해 온 지난 2천년 동안 모든 성서학자들은 요셉이 예수님을 가장 닮았던 사람이라고 평가한다.

환경과 성품

정직은 타고 나야한다. 내가 노력해서 정직해 질 수도 있지만, 천성적으로 기질적으로 정직이 있어야 한다. 어떤 사람은 태어날 때부터 사기꾼적인 기질을 가지고 태어나는 사람이 있다. 아무리 노력해도 사기성을 벗어나기 어려운 사람들이 있다. 그 사람들 중에 하나가 야곱이다.

그래서 신기한 것은 어떻게 야곱에게서 요셉이 나왔냐는 것이다. 야곱은 형 에서의 장자권과 축복권을 속여서 훔쳤고, 그 사건 때문에 집을 떠나 방랑자의 세월을 수없이 보냈다.

그래서 이삭에게서 야곱이 나오고 야곱에게서 요셉이 나왔다는 게 놀라운 사실이다. 이 사실을 볼 때 우리는 남의 탓, 부모 탓을 해서는 안 된다. 부모와 상관없이 요셉이 될 수 있다. 부모님이 닮기 어려운 삶의 모습을 보여주었다 할지라도, 예를 들어 이혼을 했고, 가난하고, 폭력적이고……등등 여러 가지 일들을 다 겪었다 할지라도 요셉처럼 될 수가 있다.

요셉은 아버지와 전혀 다른 기질과 성품을 가지고 태어났다. 그에게는 천성적으로 하나님이 깨끗한 양심, 거짓 없는 양심을 주신 것 같다.

"야곱이 가나안 땅 곧 그의 아버지가 거류하던 땅에 거주하였으니 야곱의 족보는 이러하니라 요셉이 십칠 세의 소년으로서 그의 형들과 함께 양을 칠 때에 그의 아버지의 아내들 빌하와 실바의 아들들과 더불어 함께 있었더니 그가 그들의 잘못을 아버지에게 말하더라"(창 37:1-2).

성경에는 요셉의 어렸을 적 이야기는 전혀 소개되지 않고, 사춘기를 겪는 예민한 나이부터 소개가 된다. 요셉은 아버지와 형제들과 함께 조상들의 약속의 땅에서 자라났다. 이것은 아마 요셉의 마음속에 어렸을 때부터 하나님에 대한 신앙, 약속, 말씀이 자리 잡을 수 있는 터전이 되었을 것이다.

어떤 분위기에서 우리 자녀들이 자라는가 하는 것은 매우 중요하다. 예수 믿는 가정과 교회에서 자랐는지가 자녀 교육에 있어서 중요한 변수인 것이다. 요셉은 일찍 어머니를 여의였다. 라헬이 둘째 동생 베냐민을 낳을 때 난산하여 죽었다. 다른 형제들은 모두 어머니가 있지만 요셉과 베냐민은 없었다. 의붓어머니를 어머니라고 불러야 했다. 이런 분위기 속에서 요셉이 17세 소년까지 자랐다는 이야기이다.

그럼에도 불구하고 놀라운 사실은, 요셉은 내면의 상처가 없다는 것이다. 요셉의 삶을 보면 상처받은 일을 없어서 상처가 없는 것은 아니다. 우리는 환경이 어려우면 쉽게 상처를 받는다. 이상적인 부모가 아닐 때 상처를 받고, 꿈꾸는 대로, 뜻하는 대로 되지 않으면 상처를 받는다. 그래서 성격이 비뚤어지고, 말도 비뚤어지게 하고, 혈기를 부리고, 남을 시기하고, 필요 없는 경쟁을 하고, 거짓말을 하는 사람으로 변하기 쉽다.

시중에는 떠도는 우스갯소리로 북한이 한국을 침략하지 못하는 이유 중 하나가 무서운 중학교 2학년 아이들 때문이라고 한다. 만사를 뒤집고 너무나 반항적인 나이가 17살 사춘기 시절이다. 하지만 요셉은 어머니를 일찍 여의었고 배 다른 형제들과 살았지만 놀랍게도 쭉쭉 뻗은 대나무처럼 환경과 다르게 상처 없이 자랐다는 것은 기적중의 기적이라고 할 수 있다.

요셉의 아버지가 교육을 제대로 했기 때문이 아니다. 야곱은 사기성이 많은 사람인데 그랬을 리가 없다. 그러므로 환경이 어려워도, 부모님이 자신이 생각했던 이상적인 분들이 아니어도 얼마든지 상처 없이 순수하게 자랄 수 있다.

요셉의 특징 중의 하나가 불의와 거짓을 용납하지 않는 성격을 가졌다는 것이다. 야곱의 두 첩에게서 난 자녀들과 함께 요셉은 어렸을 때부터 양치기를 했다. 그런데 이 두 첩의 자식들이 불의한 일들을 행한 것이다. 그것을 목격한 요셉은 못 본 체 하지 아니하고 아버지에게 다 일러바쳤다. 어떻게 보면 고자질이고 남자로서 의리 없는 행동이라고 말할 수가 있다.

요셉이 형제들의 실수를 아버지에게 일러바쳐서 혼을 내게 한다면 옳은 일일까? 고민하게 하는 대목이지만, 이 이야기가 보여주고자 하는 숨겨진 의도는 요셉의 성품을 보여주려는 것이다. 요셉이 천성적으로 거짓말을 못하는 성품을 가졌음을 말해준다. 내가 이야기함으로써 다른 사람이 피해를 본다 할지라도 거짓말을 못하는 성격인 것이다. 불의를 용납하지 않는 성품이 그에게 있었던 것이다. 형들을 미워해서 고자질 한 것이 아니다.

왜냐하면 그 후에 아버지가 광야 들판에 있는 형들에게 도시락을 가져다주라고 했을 때, 미워했거나 질투를 했다면 즐거운 마음으로 하지 못했을 것이다. 성경은 요셉이 기쁜 마음으로 도시락을 들고 그 형들에게 찾아갔다고 기록하고 있다. 처음 찾아간 곳에 형들이 없을 때 수소문해서 형들이 있는 곳 까지 찾아간 것을 보면, 요셉은 형들에게 무슨 감정이 있었던 것은 아니었다.

정직

우리의 위기는 마음의 정직성을 잃어버린 데에 있다. 우리는 "정직하면 너무나 손해를 봅니다"라고 하면서, 알면서도 모르는 척하고, 보고도 안 본 척하고 말을 바꾼다. 사건을 전부 자기중심적으로 해석하고 바꿔버리는 것이다. 그리고는 현실을 지혜롭게 살아간다고 착각하고 있는 것이다.

그러나 우리가 요셉에게 배우는 첫 번째 메시지는 그의 정직성이다. 그는 숨길수가 없었고, 말하지 않을 수가 없었고, 오해를 받고 손해를 본다 할지라도, 언제나 정직성을 가지고 있었다.

교회가 가지고 있는 최대의 위기도 예수를 잘못 믿는 게 아니라, 교회가 교인들이 정직하지 않다는데 있다. 성경도 잘 읽고 기도도 많이 하는데, 우리 삶과 마음속에 정직함이 없다는 것이다.

야곱의 편애

"요셉은 노년에 얻은 아들이므로 이스라엘이 여러 아들들보다 그를 더 사랑하므로 그를 위하여 채색옷을 지었더니 그의 형들이 아버지가 형들보다 그를 더 사랑함을 보고 그를 미워하여 그에게 편안하게 말할 수 없었더라"(창 37:3-4).

요셉은 지극한 사랑을 받고 자라났다. 요셉이 문제가 아니라 그의 아버지 야곱에게 문제가 있었다. 아버지가 자녀 교육을 할 때 특별히 요셉을 편애를 했다. 야곱은 요셉에게 특별히 채색 옷을 지어 입히고 다른 형제들에게 질투와 시기를 일으켜서 요셉에게 악한 감정을 품게 한 것이다.

야곱이 요셉을 특별히 편애한 것은 이해를 할 수 있다. 네 명의 부인중에서 요셉의 어머니였던 라헬을 지극히 사랑했던 야곱은 그녀가 낳은 아이를 특별히 사랑하게 되었을 것이다. 더군다나 친모인 라헬이 일찍 죽었기 때문에 아버지로서 안타까운 마음으로 누구보다도 잘해 주고 싶었을 것이다.

편애는 자녀들에게 갈등을 주고 가정에 불화를 가져오게 한다. 부모도 인간이기 때문에 자녀들 중에 누구를 더 특별히 사랑할 수 있다. 그럼에도 불구하고 요셉의 이야기를 통해서 부모들이 배워야할 것은 자녀들에게 편애를 해서는 안 된다는 것이다.

그러나 다른 각도에서 야곱의 편애를 볼 수 있다. 배 다른 형제의 입장에서는 아버지의 편애가 몹시 불편한 것이었지만, 요셉의 입장에서는 그것은 놀라운 일이었을 것이다. 요셉이 아버지에 대해 느끼는 감정과 느낌이 무엇일까? '아버지는 내가 어떤 실수를 해도 다 용서하실 것이다. 아버지는 나를 너무도 사랑하신다'라는 생각을 가지고 요셉이 자라났다는 것이 굉장히 중요하다.

자식은 부모가 어떤 경우에도 용서하고 사랑한다는 믿음을 가지고 자라나야 한다. 이것이 아이의 미래에 있어서 얼마나 중요한지 모른다. 우리들의 모든 비극과 삐뚤어진 성격과 상처는 거절감 때문에 생기는 것이다.

'부모가 나를 거절한다. 사람들이 날 믿어주지 않는다. 나를 이용하고 있다. 나를 사랑하는 것이 아니었다'라고 느껴질 때 그의 인격에 위기가 오는 것이다.

그러나 '나를 정말 사랑한다. 자기 자식을 죽일 만큼 나를 사랑한다. 그 사람이 하는 사랑은 진짜다'라는 믿음을 가지면 사람은 변하기 시작한다. 요셉에게는 이러한 확신이 분명히 있었기 때문에 상처가 될 만한 모든 것으로부터 자신을 잘 지키고 긍정적이고 정직할 수 있었던 것이다.

교회, 가정, 사회를 바꾸는 것은 법으로 할 수 없다. 법이 부족하고 잘 집행이 되지 않아서 문제가 있는 것이 아니다. 예수님께서 간음한 여인 이야기를 통해서 보여주신 게 무엇인가? 바리새인들은 법을 이야기했다. 모세의 율법에는 돌로 쳐서 죽이도록 했다고 외쳤다. 바리새인들은 사회는 법으로 지켜진다고 생각한 사람들이었다.

하지만 예수님은 인간의 공동체는 사랑과 용서로 지켜진다고 말씀하신다. 그래서 사랑과 용서로 간음한 여인의 인생을 변화로 이끄셨다.

교회가 사람들이 찾아오고 싶어 하는 곳이 되려면 사랑으로 가득해야 한다. 법을 무시하거나 없애라는 이야기가 아니다. 법을 세우고 지키되, 그 법을 뛰어넘을 수 있는, 모든 법 중에서도 가장 상위의 법, 사랑의 법을 실천하라는 것이다.

율법의 완성은 사랑이라고 예수님은 말씀하신다. 공동체의 질서를 잘 지킬 수 있는 율법 위에 사랑과 법을 더하라고 하신 것이다. 이것은 사회에도, 가정에도, 교회에도, 모든 공동체 속에서 그대로 적용이 된다.

하나님의 편애

이것을 좀 더 구원의 차원에서 이야기 해보면 하나님의 사랑은 편애이다. 우리가 사랑받을만한 자격도, 조건도 없음에도 불구하고, 하나님은 일방적으로 자기 아들을 십자가에 못 박아 죽이기까지 우리를 사랑하신다.

우리가 하나님의 사랑을 거부했을지라도, 하나님은 오랜 세월을 기다리면서 우리가 돌아오기를 기다렸고, 한 번도 포기하거나 좌절하신 적이 없으시다. 그래서 우리가 하나님의 사랑 앞에서 녹아지는 것이다.

하나님과 야곱의 사랑의 차이점은 무엇인가? 야곱은 요셉만 편애했고, 하나님은 우리 모두를 편애한다는 것이다. 편애는 기울어진 편협한 사랑을 말하는 것이 아니다. 집중된 사랑이 편애다.

그 깊이와 크기와 넓이를 측량할 수 없는 사랑을 쏟아주시는 분이 하나님이시다. 심지어 부모도 제 자식을 버리는 세상이다. 자식이 제 부모를 버리는 일은 더 이상할 것이 없다, 그런 세상을 우리는 살고 있다. 이런 세상에서 부모는 자식을, 자식이 부모를 버릴지라도 하나님은 우리를 결코 버리시지 않는다. 하나님의 편애는 그런 것이다.

15

작은 예수

(창 37:5-11)

요셉은 아버지의 편애 때문에 뼈를 깎는 고난의 삶을 살게 되었다. 물론 그것을 통해서 다른 사람들이 도달할 수 없는 나이 30세에 재상에 오르는 큰 입신출세를 하게 되었지만, 그 과정은 다른 형제들이 요셉을 미워함으로써 큰 불행을 겪게 된 것이다.

도움이 될 만한 이야기 하나를 소개한다. 딸을 셋 정도 낳고 아들을 기다리다가 드디어 아들을 낳게 되면 보통 딸들은 아예 안중에도 없고 아들만 위하는 가정들이 간혹 있다. 그러면 딸이 부모의 사랑을 동생에게 빼앗겼기 때문에, 거기서 오는 정신적인 상처가 일생동안 그늘이 될 수 있다.

나에게 찾아온 사람들 중에는 그런 경우의 일로 가슴에 상처를 안고 부모에 대한 섭섭함과 서운함을 가지고 원망과 분노의 감정 때문에 힘들어서 상담하러 찾아온 여성 내담자들도 종종 있었다.

극단적인 경우에는 남동생을 죽이는 경우도 있고, 때로는 남자에 대한 저항의식이 생겨서 결혼한 뒤에도 남편과 경쟁하려고 한다. 어떻게든 남편을 이기려고 무의식적으로 반항을 하는 것이다. 원인은 어릴 때 사랑받지 못해 생긴 상처 때문이다. 그녀가 자랄 때 부모 사랑을 남동생한테 빼앗겼기 때문에 생긴 상처로 부부생활에도 잘 적응을 못하는 것이다.

그런 경우 남편이 자기 아내의 성장과정을 잘 이해를 해서 극복할 수 있도록 도와줘야 되는데, 문제는 그렇게 건강하고 너그러운 남편이 많지 않다는 것이다. 아내를 위로하고 치유하기는커녕 남자들은 자기 하나도 감당을 못하기 때문에 도와줄만한 여유가 없다.

그래서 자꾸 부부싸움이 나고 서로 좋아하면서도 때론 이혼을 하게 되고, 이혼하고 난 뒤에는 또 그리워하게 되는 아픔을 되풀이 하게 되는 것이다. 성장과정에서 무의식에 깔려있는 적개심 때문에 대인관계가 틀어지고 계속 되풀이 되는 것이다.

모든 대인관계의 가장 첫 번째 기초는 부모자식간의 관계형성이 건강해야 한다. 이 기초에서 모든 인간관계가 비롯되기 때문이다. 부모를 떠나 가지게 되는 인간관계의 또 다른 기초가 부부관계이다. 부부간의 관계가 행복하고 건강해야 신바람이 나는 것이다.

요셉은 비록 고난과 시련을 많이 겪었지만, 어린 시절 아버지로부터 받았던 사랑이 그의 내면을 건강하게 한 것이다. 어린 시절 부모로부터 넘치도록 충분한 사랑을 받는다는 것이 자녀의 장래에 얼마나 중요한 일인지 새삼 가슴에 새겨볼 일이다. 자녀를 노엽게 하지 말라는 주님의 말씀은 자녀에게 평생 지울 수 없는 상처와 분노를 심어주지 않도록 하라는 부모교육에 대한 것이다.

예수를 닮은 사람

요셉은 다섯 가지 면에서 예수님과 닮은 점이 있다.

첫째, 요셉은 자기 형들에게 은 20냥에 팔렸고 예수님은 자기 제자한테 은 30냥에 팔렸다. 값이 차이가 나는 것은 아무래도 물가가 올라서라고 말하는 이도 있다. 웃자고 하는 얘기이다.

둘째, 요셉은 아무 죄 없이 감옥에 들어갔다. 요셉이 들어갔던 지하 감옥은 정치범을 수감하는 감옥이다. 그 당시의 정치범은 왕이 죽어야 석방이 되었다. 요셉이 죄 없이 지하 감옥에 종신수로 들어간 것은 곧 죄 없이 십자가에 죽으시고 묻히신 예수님의 모습을 생각나게 한다.

셋째, 요셉은 지하 감옥에서 하나님의 은총으로 석방되면서 나이 서른에 그 시대 총리로 임명되었다. 인생역전을 보여준다. 이것은 예수님께서 무덤을 여시고 부활하신 것에 비유할 수 있다.

넷째, 요셉은 일생동안에 흠이 없었다. 할아버지 아브라함도 네 번의 큰 실수가 있고, 아버지는 두말할 것도 없는데, 요셉은 일생동안 단 한 번도 약점이나 허물이 나타나지 않는다. 그런 면에서 흠 없으신 우리 예수님을 닮았다는 것이다.

다섯째, 요셉은 탁월한 정책을 펼쳐서 수많은 백성들을 굶주림에서 구해 주었다. 그건 마치 예수님이 수많은 백성들을 위한 구속사역을 행하신 것에 비유할 수 있다. 수많은 병자들을 치유하시고 회복시키신 것만이 아니라 십자가 통해 수많은 영혼을 구원하신 것과도 같다.

이렇게 다섯 가지의 닮은 점이 있어서 요셉을 일컬어 "구약의 예수님이다. 혹은 예수님의 그림자이다"라고 말하는 것이다. 우리가 요셉의 이야기를 예수님을 생각하고 읽는 것이 기본자세라고 할 수 있다.

꿈의 사람

"요셉이 그들에게 가까이 오기 전에 그들이 요셉을 멀리서 보고 죽이기를 꾀하여 서로 이르되 꿈 꾸는 자가 오는도다"(창 37:18-19).

요셉이 형들한테 팔려서 말할 수 없는 각고의 세월 속에서도 좌절하지 않고 끝까지 견디며 자기를 지켜나갈 수 있었던 비결은, 그가 꿈꾸는 자였기 때문이다.

"꿈이 있는 자녀는 실패가 없다"라는 서양의 격언이 있다. 부모가 꿈을 심어준 자녀는 타락하지 않는다. 꿈 때문에 좌절하지 않는 것이다. 한 때 실패를 했어도 청소년 시절에 꿈을 가졌던 청소년들은 그것을 가지고 다시 재기할 수 있다.

요셉은 어린 나이 17세 때 다른 사람이 꾸지 않은 꿈을 가지고 있었고 '꿈꾸는 자'라는 별명을 얻었다. 결국 이 꿈이 그의 인생을 바꾸어 놓는다. 꿈은 그 사람의 인생을 바꾸는 힘이 있다. 자녀에게 무엇보다 중요한 것은 지식이 아닌 꿈을 심어주고 꿈을 키워가도록 하는 것이다.

유혹

"요셉이 이끌려 애굽에 내려가매 바로의 신하 친위대장 애굽 사람 보디발이 그를 그리로 데려간 이스마엘 사람의 손에서 요셉을 사니라"(창 39:1).

꿈의 사람, 요셉이 노예 상에게 팔려 애굽으로 가서 다시 보디발 집안의 종으로 팔렸다. 보디발의 신분은 그 시대에 국방부 장관에 해당하는 격이다. 성경 원문에는 그 사람을 내시라고 했다. 내시는 왕궁에서 왕을 보좌하는 일꾼으로서, 왕의 후궁들과 어떠한 스캔들도 없애기 위해서 거세한 사람들이다. 그 내시들 중에서 권력을 가지게 되면 아내를 거느리는 경우가 있는데, 아내 입장에서는 거세된 남편과 생활을 한다는 것은 참으로 어려운 일이었을 것이다.

보디발의 아내가 요셉을 자꾸 유혹하려고 했던 것을 이해는 할 수 있다. 자기 남편 보디발에게 권력은 있지만 내시이다. 요셉은 총명하고 신실할 뿐만 아니라 잘 생기기까지 하였다. 요셉은 그것 때문에 수난을 당하였다.

유혹은 누구에게나 찾아오는 것이다. 크고 작음이 문제가 아니다. 이길 수 있느냐 없느냐의 문제다. 유혹을 대처하는 길은 오직 두 가지이다. 이길 수 없는 유혹은 피해서 가야한다. 이길 수 있는 유혹이라면 싸워 넘어가야 한다. 유혹이 없는 것이 최상이겠지만, 유혹은 도처에 있다. 피해가는 분별력과 지혜, 그리고 싸워서 이길 수 있는 능력을 기르는 것이 최선이다. 요셉의 중심에는 그 모든 유혹을 이길 수 있었던 신앙이 기둥처럼 자리 잡고 있었다. 그것이 유혹을 이기게 한 비결이다.

책임감

"요셉이 그의 주인에게 은혜를 입어 섬기매 그가 요셉을 가정 총무로 삼고 자기의 소유를 다 그의 손에 위탁하니"(창 39:4).

아무리 미미한 신분이라도 신실하고 특출하면 쓰임 받게 마련이다. 어느 자리에서나 준비된 사람은 빛을 보게 되어 있다. 요셉은 종이 되어도 철저하게 자기를 관리하고 맡은 일에 앞뒤를 분별해서 지혜롭게 처리하였다. 작은 일에서부터 워낙 신실하게 처리하고 실력을 닦았기 때문에 어디를 가서도 쓰임 받는 것이다.

종으로 들어온 젊은 청년에게 오죽 신뢰를 했으면 가정경제의 대소사를 다 맡기겠는가? 국방부 장관쯤 되는 집안의 가정살림이 이만 저만한 살림이 아닐 텐데, 그것을 전부 다 맡긴다는 것은 요셉이 보통 신실한 사람이 아니라는 것을 증명하는 것이다.

"이 집에는 나보다 큰 이가 없으며 주인이 아무것도 내게 금하지 아니하였어도 금한 것은 당신뿐이니 당신은 그의 아내임이라 그런즉 내가 어찌 이 큰 악을 행하여 하나님께 죄를 지으리이까"(창 39:9).

요셉의 성공비결은 언제나 하나님 앞에서 살았다는 것이다. 인생의 밑바닥에 떨어졌을 때나 최고의 자리에 올라갔을 때나 요셉은 언제나 하나님 앞에 서 있었다. 하나님 앞에서 해야 될 것이냐 말아야 될 것이냐, 먹어야 될 것이냐 말아야 될 것이냐 언제나 하나님께 기준을 두고 결정한 것이다.

사람도, 상황도 기준이 아니었다. 그렇게 하나님께 기준을 두고 사는 사람을 하나님이 지키신다는 것이 성경의 가르침이다. 하나님 앞에서 자기 자신을 절제하고 다스려 나간 것이다. 우리가 자녀들에게 어려서부터 이것을 체득시켜야 한다. 하나님 앞에서 자기 자신을 책임질 수 있도록 해야 한다.

'책임감'이라는 말은 영어로 'responsibility'이다. 이 단어는 '반응하다'(reponse)와 '능력'(ability)이라는 두 단어의 합성어이다. 하나님이 주신 사명에 대해서 "네. 그렇게 하겠습니다"라고 반응하는 것이 책임인 것이다. 신앙은 반응이다. 살아있는 것은 반드시 반응하게 마련이다. 죽어 있는 것만이 반응하지 않는다. 하나님의 말씀 앞에서 입으로 행동으로 반응할 줄 아는 신앙이 살아있는 신앙이다.

책임감이라는 말을 쉽게 생각할 일이 결코 아니다. 토인비라는 역사학자는 도전과 응전이라는 사관을 말했다. 토인비가 세계역사를 문명권으로 나누어서 살펴본 결과, 어떤 문명은 망해서 없어졌고, 어떤 문명은 열악한 악조건 속에서도 살아남아서 계속 전진하는 것을 발견했다.

기독교는 300년 동안 로마제국의 박해 밑에서, 카타콤의 무덤 속에서 살아나고 계속 번창하였다. 기독교의 생명력은 로마제국의 핍박이라는 도전에 대해서 죽음을 무릅쓰고 피 흘려서 응전한 것이다. 도전에 대한 응전, 도전에 대해서 책임감을 가지고 바로 설 때, 역사가 바로 선다는 것이다.

지극히 사랑받던 요셉이 팔려갈 때 얼마나 낙심했겠는가? 그러나 요셉은 종의 신분을 극복하였다. 보디발의 아내가 유혹할 때 적당히 타협했다면 편하게는 살았겠지만, 그러면 총리가 되는 역사는 사라지는 것이다.

"하나님 앞에서 이것은 할 짓이 아닙니다"라고 하며 불리한 그 상황에서 타협을 하지 않는 것은 아무나 할 수 있는 것이 아니다. 영적인 깊은 탁월함이 있어야 한다.

과거청산 미래번영

"흉년이 들기 전에 요셉에게 두 아들이 나되 곧 온의 제사장 보디베라의 딸 아스낫이 그에게서 낳은지라 요셉이 그의 장남의 이름을 므낫세라 하였으니 하나님이 내게 내 모든 고난과 내 아버지의 온 집 일을 잊어버리게 하셨다 함이요 차남의 이름을 에브라임이라 하였으니 하나님이 나를 내가 수고한 땅에서 번성하게 하셨다 함이었더라"(창 41:50-52).

요셉이 아들들에게 이름 지었는데, 그 이름에 요셉의 영적 깊이가 드러나 있다. 장남의 이름 '므낫세'는 "하나님이 과거의 나의 한과 눈물을 다 씻어 주시고 잊어버리게 해 주셨다"라는 뜻이다. 즉 과거청산의 뜻을 가지고 있다. 과거에서 놓임 받지 못한 사람은 큰 인물이 되지 못한다.

기독교의 핵심인 십자가와 부활의 사건 앞에서 과거의 허물과 죄를 다 묻어버리고 미래의 소망을 가져야 한다. 과거에 얽매이는 사람은 새로운 시대에 쓰임을 받지 못한다. 요셉은 큰 아들을 낳자마자 과거를 과감하게 청산한 것이다. 과거의 상처와 원망과 복수가 다 없어진 것이다.

둘째 아들의 이름, '에브라임'은 '미래번영'이라는 의미를 가지고 있다. 사람은 미래지향적이어야 한다. 요셉은 미래에 소망을 가지고 자기인생을 투자하겠다는 뜻으로 이름을 지은 것이다.

하나님은 이스라엘 백성들에게 이와 같은 의미로 50년마다 희년을 지키라고 하셨다. '희년'의 의미도 과거를 청산하고 새 출발하자는 것이다. 이스라엘 백성들이 희년을 지킬 때는 나라가 존속되었다. 그러나 바알을 섬기면서 희년을 지키지 않자, 이스라엘은 나라를 잃어버리게 된 것이다.

닮고 싶은 사람

요셉이 모든 고난과 유혹을 이겨내고 나이 30세에 타국에서 총리대신까지 오를 수 있었던 근본 비결을 다시 세 가지로 정리할 수 있다.

첫째, 요셉은 신실함 때문에 사람들에게 인정받았다.

"간수장이 옥중 죄수를 다 요셉의 손에 맡기므로 그 제반 사무를 요셉이 처리하고"(창 39:22).

"그 후에 애굽 왕의 술 맡은 자와 떡 굽는 자가 그들의 주인 애굽 왕에게 범죄한지라 바로가 그 두 관원장 곧 술 맡은 관원장과 떡 굽는 관원장에게 노하여 그들을 친위대장의 집 안에 있는 옥에 가두니 곧 요셉이 갇힌 곳이라 친위대장이 요셉에게 그들을 수종들게 하매 요셉이 그들을 섬겼더라 그들이 갇힌 지 여러 날이라"(창 40:1-4).

요셉은 인간이 갈 수 있는 가장 비참한 감옥에서도 얼마나 신실했는지 모른다. 신실한 사람이란, 믿을만한 사람, 성실한 사람을 의미한다. 자기가 맡은 일에 최선을 다해 감당하는 사람이다.

밑바닥에서는 신실해지기가 쉽지 않다. 원망, 불평, 불만하기가 쉽다. 작은 자리, 작은 역할과 책임을 맡겨도 성실하게 하는 사람이 있고 특별한 직책을 줘야 그때서야 비로소 움직이는 사람이 있다. 아무런 감투도 없이 잘 하는 사람이 진짜이다.

둘째, 요셉은 성령 충만한 믿음의 사람이었다.

똑똑하고 성실해도 유혹과 시험이 올 때 넘어가면 하나님께서 쓰실 수가 없다. 요셉이 자신을 잘 지키고 관리할 수 있었던 비결은 성령 충만했기 때문이다.

"바로가 그의 신하들에게 이르되 이와 같이 하나님의 영에 감동된 사람을 우리가 어찌 찾을 수 있으리요"(창 41:38).

얼마나 믿음이 좋은 사람인지, 안 믿는 사람도 인정을 한 것이다. 믿지 않는 바로 왕도 하나님의 신, 성령에 감동한 사람이라고 요셉을 인정한 것이다.

셋째, 요셉은 꿈의 사람이었기 때문이다.

거룩한 꿈을 꾸고 사는 사람들을 하나님은 항상 지키시고 그 꿈을 이루게 하시며 하나님의 사람으로서 쓰임 받는 인생을 살도록 하신다.

그러므로 하나님께서 나에게 원하시는 삶의 목적이 무엇인지를 젊은 시절부터 찾는 것이 중요하다. 우리는 그 목적을, 그 영광을 위해서 살아야 한다. 꿈이 있는 사람은 포기하지 않고 실망하지 않으며 견딜 수 있다.

두 가지 꿈

두 종류의 꿈이 있다. 하나는 자기가 꾸는 꿈이고 다른 하나는 하나님이 주시는 꿈이다. 이 두 꿈의 차이는 자기의 유익이 우선이냐 아니면 하나님의 뜻을 이루는 것이 우선이냐 하는 것이다. 물론 꿈 때문에 고생도 하게 된다. 구약시대 꿈의 사람은 두 사람이다. 한 사람은 요셉이고 다른 한 사람은 다니엘이다.

이 두 종류의 꿈은 처음부터 질적으로 다른 것이 아니다. 자기가 하고 있는 모든 일을 하나님의 영광과 뜻을 이루기 위한 것으로 만들면, 그 꿈은 하나님께서 기뻐하시는 꿈이 되는 것이다.

그러므로 새 꿈과 비전을 발견하는 것도 좋지만, 이미 하고 있는 모든 일을 하나님의 영광을 위한 것으로 목표와 목적으로 바꾸면, 요셉을 기뻐하셨던 것처럼 하나님께서도 우리를 기뻐하시고 이 시대의 요셉으로 살게 하실 것이다.

16
꿈의 사람
(창 37:5-11)

'꿈의 분석'이라는 책을 저술한 프로이드는 정신과 의사로서 인간의 정신세계를 연구하여 심리학의 선구자라고 할 수도 있다. 그는 유대인으로서 인간의 꿈을 분석하는 데 있어서 중요한 기준을 제시했던 사람이다.

프로이드의 관점에서 볼 때 인간의 정신세계는 세 가지 영역으로 나누어져 있다. 즉 의식의 세계, 무의식의 세계, 전의식의 세계이다.

의식은 우리가 깨어있는 영역이고, 무의식은 우리가 주로 의식하지 못하지만 가끔씩은 의식화시킬 수 있는 영역이며, 전의식이라는 것은 도저히 알 수 없는 영역이다.

프로이드는 낮에 사람들이 살아가면서 경험했던 일 중에서 심리적으로 미해결된 과제들을 밤에 잘 때 해결하는 하나의 방식이 꿈이라고 했다. 꿈에 나오는 수많은 대상들, 예를 들어 나무, 뱀, 시냇물 등과 같은 것들에는 다 상징적인 의미가 있다는 것이다. 이런 그의 학문의 영역을 '정신분석학'이라고 한다.

프로이드는 꿈들을 너무 성적인 것과 연결해서 해석을 했기 때문에 비판을 받았지만 정신과나 심리학에서 사람의 정신을 분석하는 기초이론을 정립한 사람이라고 지금까지 인정받고 있다.

꿈의 이해

민간신앙, 무속신앙, 의학계에서 설명하는 꿈들이 있지만, 기독교의 관점은 다르다. 그런데 기독교인들조차도 세상적인 기준을 가지고 꿈을 이야기할 때가 많다.

성경에서 꿈을 이야기할 때 하나의 계시적인 사건으로서 이야기를 한다. 앞으로 다가올 일에 대해서 미리 보여주는 예언적 기능을 가지고 있다.

성경에는 꿈 이야기가 많다. 다만 하나님께서 우리 인간에게 보여주시고자 하시는 모든 뜻과 계시를 이미 구약과 신약의 말씀을 통해서 다 보여주셨다. 그래서 더 이상의 예언도 필요 없고, 예지적인 꿈도 없다고 보는 신학자들이 있다. 이미 다 성경을 통하여 말했기 때문에 두 번 말할 필요가 없다는 것이다. 신학적으로도 더 이상의 계시는 없다고 말한다. 그래서 계시록에도 "이 말씀에 또 다른 것을 더하는 자나 빼는 자에게는 저주가 있으리라"(계22:18-19)고 하였다.

종교학에서 신 존재 증명을 이야기할 때 신은 이미 말씀하신 것에 대해서 반복할 필요가 없다고 이야기 한다. 반복한다는 것 자체가 미완성이고 불완전한 것을 보여주는 것이기 때문에 신은 완전하고 완벽한 전능한 존재로서 반복할 이유가 없다는 것이다.

그래서 오늘날 기독교에서는 계시는 더 이상 없다고 말한다. 그럼에도 불구하고, "특별한 꿈을 꾸고 하나님의 뜻을 깨달았다. 하나님이 미래를 보여주셨다"라고 이야기하는 사람들이 있다. 하지만 신학의 관점에서는 다 백일몽 수준으로 여기는 것이다. 의학적인 관점에서 보면, 미해결된 심리적인 문제를 해결하는 과정으로서 꿈을 꾸는 것이다.

정신적으로, 심리적으로 많이 약해져 있으면 깊은 수면을 잘 취하지 못하게 된다. 꿈은 깊은 수면에 들어갔을 때는 꾸지 않기 때문이다. 얕은 수면에서 꿈을 꾸기 때문에, 밤에 꿈을 많이 꾸고 일어나는 날에는 피곤함을 느끼는 것이다. 그래서 꿈에 시달렸다고 하는 것이다.

우리가 꾸는 대부분의 꿈은 흔히들 말하는 개꿈에 불과하다. 꿈에 연연해하지 말고 기록된 말씀을 살피는 것이 훨씬 더 지혜로운 것이다. 성경말씀 자체가 계시의 사건이기 때문에 그렇다.

요셉의 꿈

요셉의 가장 큰 특징은 비전의 사람, 꿈의 사람이라는 것이다. 17세 때 잊을 수 없는 꿈, 그의 평생을 지배했던 꿈을 꾸게 된다.

첫 번째 꿈은 자기가 묶은 곡식 단 주변에 있는 형들이 묶어놓은 단들이 다 자기 단에게 절을 했다는 것이다. 상식에 맞지 않는 꿈이지만 13년 후에는 현실로 변하는 꿈이었다.

하나님의 꿈은 일반적으로 사람들이 이해를 하지 못한다. 미래에 일어날 일에 대한 암시이기 때문이다. 꿈의 본질을 이해하지 못하면, 사람들은 분노하고 미워하고 시기하고 질투하고 공격하게 된다. 이것이 하나님의 꿈의 특징이다.

요셉의 두 번째 꿈은 더 이상하다. 하늘의 해와 달과 열한 개의 별이 다 요셉에게 절을 했다는 꿈이다. 황당무계하고 말도 되지 않는 이야기이다. 하지만 놀라운 사실은 13년 후에는 역시 이 꿈대로 이루어졌다는 것이다. 형들에게나 아버지 입장에서는 요셉의 꿈을 해석하기 어려웠고 받아들이기가 쉽지 않았을 것이다. 이것이 하나님의 꿈이었다.

하나님의 꿈

요셉의 꿈 이야기를 통해 발견할 수 있는 몇 가지 영적인 교훈들이 있다.

첫째, 하나님이 주시는 꿈은 언제나 복음의 사명과 연결되어 있다는 점이다.

이 사명은 언제나 십자가 이야기를 한다. 그래서 교회에서 꿈 이야기를 하면 다 도망갈지 모른다. 왜냐하면 사명과 관계가 있기 때문이다.

내가 원하는 꿈이 아니라, 하나님의 원하시는 것들이기 때문이다. 우리의 이성과 상식에 맞지 않을 수도 있다. 요셉의 꿈이 합리적이고 상식적인 이야기가 아닌 것과 마찬가지이다.

요셉의 꿈을 통해서 배워야 할 점은, 우리가 거룩한 복음의 사명에 대한 비전을 가져야 한다는 것이다. 마음의 소원함으로 자신이 가지고 있는 꿈이든지, 말씀 속에서 뜨겁게 임한 꿈이든지, 하나님께서 주시는 꿈을 가져야 한다는 사실이다. 그 꿈은 하나님께서 주신 꿈이기 때문에 포기할 수 없고, 반드시 이루어지는 것이다.

우리는 자녀들에게 세상의 꿈을 심어주는 부모가 아니라, 복음의 사명을 위한 원대한 꿈을 심어줄 수 있는 부모가 되어야 한다. 우리의 자리와 우리 마음속에 하나님이 기뻐하시는 거룩한 사명에 대한 이야기가 풍성해져야 한다.

둘째, 하나님께서 주시는 꿈은 말하지 않고서는 견딜 수 없는 것이다.

하나님께서 주시는 꿈은 조금 비논리적이고 비상식적인 것 같다. 요셉이 17세 정도의 소년 정도면 지식과 상식이 있는 나이이다. 이 말을 해서 자신이 손해 볼지, 안 볼지를 아는 나이이다. 하지만 요셉이 자신의 꿈을 너무나 정직하게 상대방 입장을 생각하지 않고 이야기를 했다.

예레미야는 자기민족이 망한다는 계시를 받았다. 그는 사람들에게 민족이 망해서 나라가 없어진다고 선포했다. 사람들은 그런 이야기를 듣기 싫어한다. 민족이 망한다고 하면 누가 듣기 좋아하겠는가? 그래서 그는 수많은 핍박과 증오를 감당해야만 했다.

한 번은 하도 괴로워서 예레미야가 "이 예언을 안 하겠다"라고 하였지만 그의 속에서 불이 났다고 고백했다. 안 할 수 없는 것이 예언인 것이다.

요셉이 자기 꿈을 이야기 하지 않으면 안 되는 것이다. 전하지 않으면 견딜 수 없는 것이 복음이다. 복음은 우리 예수님의 이야기이다. 예수를 믿으면서 예수를 전하지 않는다는 것은 이상한 일이다. 복음을 전하지 않고도 편히 사는 사람은 온전한 하나님의 사람이 아니다.

복음의 이야기를 하면 사람들에게 인기도, 재산도 잃어버리고 때때로 핍박받을 것을 알면서도 전해야 하는 것이 복음이다. 예수 그리스도만이 길이요, 진리요, 생명이요, 예수를 믿어야만 천국에 간다고 전하면 사람들이 싫어해도 전하지 않고는 견딜 수 없어야 한다. 이것이 하나님이 주신 꿈이다.

요셉을 꿈의 사람이라고 말하는 것은, 그가 타협할 수 없는 꿈, 지울 수 없는 꿈, 말하지 않으면 안 되는 꿈을 하나님으로부터 받았기 때문이다.

사람들이 꾸는 심리학적인 꿈은 대개 오래 기억되지 않는다. 그러나 하나님이 주신 꿈은 날이 갈수록 선명해진다. 아니 선명하게 간직해야 한다.

예수를 처음 믿었을 때의 감격은 시간이 간다고 없어지지 않는다. 만약 없어진다면 그날의 감격 자체가 희미했기 때문이다. 하나님을 제대로 만났다면 그 감동은 평생 잊혀지지 않는 것이다. 날이 갈수록 그 감격은 새롭고 감동이 되는 것이다. 하나님이 주신 것이기 때문이다.

셋째, 하나님이 주신 꿈은 환영받지 못한다.

하나님이 주신 꿈을 이야기 하면 사람들이 환영하지 않는다. 형들과 아버지도 비판을 했다. 비판할 정도가 아니고 미워하게 되었다. 그래서 하나님의 꿈을 가진 사람은 외롭다. 하나님의 꿈을 가진 사람들은 어떤 면에 있어서 거부를 당한다. 그렇지만 그 꿈을 가지고 사는 것이다. 복음의 사명을 이야기하고 그것을 이루기 위해서 사는 사람들이 겪게 되는 고난은 피할 수 없다.

노아가 방주를 짓는 꿈을 가졌다. 하나님께서 주신 꿈이자 사명이다. 바다에다가 방주를 짓는다면 누가 뭐라고 하겠는가? 산에다 방주를 지으니 누가 그것을 이해하겠는가? 그것도 100년이 넘도록 방주를 만든다면 누가 이해를 하겠는가? 방주는 보통 배와는 전혀 다른 형태와 목적을 가졌다.

그 당시 아무도 그것을 짓는 이유를 이해할 수 없었을 것이다. 노아만이 그 꿈을 가지고 외롭게 백여 년 동안을 방주를 지었다. 이것이 하나님이 주신 꿈이다.

하나님의 영이 임하는 사람이 가지는 특징이 있다.

"하나님이 말씀하시기를 말세에 내가 내 영을 모든 육체에 부어 주리니 너희의 자녀들은 예언할 것이요 너희의 젊은이들은 환상을 보고 너희의 늙은이들은 꿈을 꾸리라 그 때에 내가 내 영을 내 남종과 여종들에게 부어 주리니 그들이 예언할 것이요"(행 2:17-18).

사람은 밥을 먹고 사는 존재가 아니라 꿈을 먹고 사는 존재이다. 동물의 특징은 비전이 없다는 것이다. 꿈이 없고 비전이 없다면 우리는 동물처럼 사는 사람에 불과하다. 먹고 자고 쾌락을 누리고 물질에 만족하는 것 외에는 아무것도 아닌 것이다. 어지러운 세상에서 아무리 내몰리듯 짐승처럼 쫓기며 살아도 짐승처럼 비전없는 존재로 살 수는 없지 않은가!

우리는 요셉의 이야기를 통해 하나님이 주신 꿈을 발견할 수 있어야 한다. 우리의 삶을 하나님의 영광을 위한 것으로 돌려놓을 수 있어야 한다.

자신의 목소리가 크면 다른 사람의 목소리가 들리지 않는다. 내 생각, 내 꿈, 내 계획이 많은 사람은 하나님의 음성을 듣기 어렵다. 자기의 것을 포기하면 그 때부터 하나님의 음성이 들리기 시작한다. 그 속에 하나님이 주시는 꿈이 있다.

꿈 때문에 요셉은 역경과 모함과 위기를 겪지만, 그가 살아날 수 있었던 원동력 역시 바로 그 꿈 때문이었다. 요셉은 꿈이 있었다.

당신에게는 무슨 꿈이 있는가?

17
마음 다스리기
(창 45:1-8)

중국 고대로부터 질병의 기원에 대해서 "모든 질병의 근원은 사람에게 있는 네 가지의 감정을 조절하지 못하기 때문이다"라는 말이 있다. 그 네 가지는 희노애락(喜怒哀樂) - 기뻐하는 것, 분노하는 것, 슬퍼하는 것, 즐거워하는 것이다. 이 네 가지 감정을 스스로 조절하지 못할 때 마음과 육체의 균형이 깨어져서 병을 얻게 된다고 말한다.

기독교에서는 모든 질병의 근본 원인이 죄의 결과에 있다고 말한다. 성경 기준으로 볼 때 중국 고사성어가 틀린 말은 아니다. 네 가지 감정은 하나님께서 인간을 창조하실 때 주신 것이다. 이 감정들을 잘 다스리고 산다는 것이 바른 영적 세계의 질서이다.

213

하나님께서 모든 피조물 세계가 질서와 균형과 조화를 이루도록 창조하셨지만, 인간이 타락한 이후에 이 모든 것과 함께 인간의 감정과 정서도 무너졌다. 그래서 자기감정을 잘 다스린다는 것이 건강한 것이다.

요셉은 정직의 사람, 꿈의 사람 그리고 믿음의 사람이다. 그러나 요셉 인생의 클라이막스는 역시 용서에 있다. 용서는 분노의 감정을 어떻게 처리하느냐에 따른 결과 중 하나이다.

이런 점에서 우리는 요셉에 대해서 배울 점이 많다. 요셉에게서 분노만이 아니고 자신의 전반적인 감정에 대해서 잘 조절하는 모습을 볼 수 있기 때문이다. 성숙한 요셉의 영적 깊이와 기쁨과 분노의 감정표현에 대해서 살펴보면 다음과 같다.

기쁨(喜)

첫째, 기쁨(喜)을 조절하는 지혜이다.

중국사람 입장에서 볼 때, 감정을 잘 다스리면 건강한 사람이다. 그런 관점에서 본다면 요셉은 아주 건강했던 사람이었다.

형제들에게 매정하게 팔려 죽을 뻔 했다. 구사일생으로 살아났지만 머나먼 애굽에서 정든 고향 땅, 그리운 부모 가족들을 등지고 산다는 것은 몸과 마음에 보통 고생이 아니었을 것이다. 그러다가 천신만고 끝에 애굽의 총리 자리까지 오르게 되었다. 세월이 많이 흘러, 가뭄과 기근을 피해서 찾아온 형제들을 만나게 된다.

"요셉이 보고 형들인 줄을 아나 모르는 체하고 엄한 소리로 그들에게 말하여 이르되 너희가 어디서 왔느냐 그들이 이르되 곡물을 사려고 가나안에서 왔나이다"(창 42:7).

비록 자신을 사지로 내몰았던 형제들이지만, 그것이 하나님의 뜻인 줄 알고서 이미 용서했던 요셉은 그들을 만나고 얼마나 기쁘고 반가웠던지, 그 정을 억제할 수가 없었다고 기록되어 있다.

"요셉이 그들을 떠나가서 울고 다시 돌아와서 그들과 말하다가 그들 중에서 시므온을 끌어내어 그들의 눈 앞에서 결박하고"(창 42:24).

"요셉이 아우를 사랑하는 마음이 복받쳐 급히 울 곳을 찾아 안방으로 들어가서 울고 얼굴을 씻고 나와서 그 정을 억제하고 음식을 차리라 하매"(창 43:30-31).

그렇게 보고 싶고 궁금했던 형제들을 만나서 얼마나 반가웠던지 그 정을 억제하지 못하고 혼자서 울고 또 울었지만 형제들 앞에서는 울지 않았다. 아무런 기쁨을 표시하지도 않았다.

여기서 요셉이 자신의 기쁨을 억제하는 독특한 지혜를 엿볼 수 있는 것이다. 우리가 좋은 일에 기뻐하고 즐거워하는 것은 마땅한 것이다. 그것이 인지상정이다. 하지만 요셉은 자기감정을 표현하는 대신에 오히려 절제했다.

창세기 42장 7절에서 "요셉이 모른체 하고"라고 기록되어 있지만 원문에 보면 감춘다는 뜻이 아니라 '절제한다'는 단어를 사용하고 있다. 요셉이 자신의 기쁨의 감정을 절제했던 이유는 변화된 형제들의 모습을 기대했기 때문이다. 동생을 죽이려고까지 했던 형제들의 모습이 아닌, 우애와 사랑으로 서로 의지하는 형제들의 아름다운 모습을 보기 위해서 기다렸던 것이다.

기쁜 것이 지나쳐서 자랑이 되고, 자랑이 지나치면 교만이 되는 경우가 있기 때문에 모든 일에 절제할 수 있는 능력을 길러야 한다. 우리를 만족케 하고, 기쁘게 할 일에 대해서 인내하지 못하고 성급한 행동을 취할 때가 많이 있다. 좋은 일인 줄 알지만 때로는 더 큰 것을 위해서 기다릴 줄을 모르면 커다란 실패를 하게 되는 것이다.

현대인들의 큰 문제점 중에 하나가 성급함이다. 그리스도인에게 중요한 것은 속도가 아니라 방향이다. 이 시대의 비극은 속도는 빨라졌지만 방향

감각을 잃어버렸다는데 있다. 많은 외국 사람들이 알아듣는 한국 말 "빨리빨리"와 "모로 가도 서울만 가면 된다"는 말은 사람 잡을 말이다. 어떻게 모로 가도 서울만 가면 된다는 말인가! 가더라도 바르게 가야한다.

그리스도인은 정확한 길을 바르게 가야 한다. 잘 살기보다는 바르게 살아서 작은 기쁨 때문에 큰 기쁨을 놓치는 일이 없어야 한다.

분노(忿怒)

둘째, 분노를 다스리는 지혜이다.

억울한 일을 당했을 때 자신의 감정을 다스리기가 쉽지 않다. 형제들한테 미움 받고, 팔려가고…… 그런 과정 속에서 뼈에 사무치는 분노를 가질 수밖에 없는데, 요셉은 그것을 극복한 것이다.

반대로 사랑의 감정도 잘 조절해야 된다. 사랑의 감정은 다 좋은 줄 알고 있지만, 사랑의 감정에 실패하면 병이 찾아온다. 짝사랑이 도가 지나치면 상사병이 올 수도 있다. 고향 그리워하는 마음은 나무랄 것이 없지만, 가보지 못하는 고향은 향수병이 될 수 있다. 사랑이 지나치면 애착, 집착, 탐닉, 고착, 중독으로 발전한다. 그러므로 자기가 좋아하는 것에 대해서 절제력을 가질 수 있어야 하는 것이다.

분노를 잘 다스린다는 것은 화를 내지 않는다는 것을 의미하는 것이 아니라 분노해야 할 때가 있고, 분노를 억제해야 할 때가 있는데, 이것을 얼마나 잘 분별하면서 표현하는 가이다.

형제들에게 버림받고, 애굽에 팔려가는 동안 성경은 이상하리만큼 단한마디도 요셉의 분노하는 모습을 말하지 않는다. 서운해 하거나 살려달라고 애원하고 절규하는 모습도 없다. 믿었던 형제들에게, 사랑하는 가족들에게 버림받게 되었는데, 어떻게 아무런 표현도 없을까?

그 누구라도 가족에게 부당하고 섭섭한 대우를 받고, 천대받고, 핍박 받으면, 분노의 감정은 감출 수가 없다. 요셉도 그런 감정이 없을 리가 없었을 텐데, 왜 성경은 침묵하고 있을까?

성경이 침묵하고 있다는 자체가 요셉이 분노의 감정을 어떻게 처리했는지를 보여주는 단서가 되고 있다.

"그의 주인이 여호와께서 그와 함께 하심을 보며 또 여호와께서 그의 범사에 형통하게 하심을 보았더라"(창 39:3).

하나님이 요셉과 함께 하고 범사에 형통하게 해 주었다는 것 자체가 요셉은 분노를 승화시키고, 해소하고, 극복했다는 것을 보여주는 것이다. 하나님이 함께하셨기 때문에 분노가 없었던 게 아니고 다스릴 수 있었고, 분노의 감정으로부터 자유하게 되었다는 것을 간접적으로 설명하고 있는 것이다.

요셉에게 슬픔과 분노가 드러나야 하는데, 하나님의 함께 하심이 드러나고 있다. 이것은 놀라운 사실이다. 그도 인간이기에 분노와 슬픔이 없다면 거짓말이다. 건강한 사람이라면 분노의 감정을 느끼는 것이다.

그런데 분노가 있어도, 그 분노를 창조적으로 다스릴 줄 알고 승화시켜서 표현하는 사람이 있는가 하면, 파괴적으로 분노를 쏟아내는 사람도 있다.

요셉은 분노가 있어도 자기감정에 휘둘리고 빠지는 것이 아니라, 영적으로 자기 안에서 해소가 되는 것이다. 그것을 상징적으로 성경은 "하나님께서 함께 하셨다"라고 표현하는 것이다.

신약성경에서는 무릇 마음을 지키시는 분이 성령이라고 하셨다. 이사야서에서는 우리의 생각을 다스리시는 분이 하나님이라고 말씀하고 있다. 우리의 마음과 감정을 성령께서 다스리신다고 하셨다. 하나님 있는 사람과 없는 사람의 결정적인 차이점이다.

분노할 순간에도 분노의 감정을 다스리고, 하나님의 뜻을 생각하게 하며, 하나님을 신뢰하고 미래에 대한 소망을 가지고 살 수 있는 요셉이 되도록 하나님은 그를 이끄셨다. 요셉이 그런 사람이었다는 것을 성경은 침묵으로 증명하고 있다.

또한 요셉은 아닌 것은 아니라고 말할 수 있는 용기가 있었다. 보디발 장군의 아내가 그를 유혹했을 때 종에 불과 했던 그가 그 유혹을 강하게 거부했다. 상상할 수 없는 일이다. 당시에 주인은 종의 생사여탈권을 가지고 있었다. 그러나 불의한 일에 대해서 요셉은 분노할 수 있었던 사람이다.

"이 집에는 나보다 큰 이가 없으며 주인이 아무것도 내게 금하지 아니하였어도 금한 것은 당신뿐이니 당신은 그의 아내임이라 그런즉 내가 어찌 이 큰 악을 행하여 하나님께 죄를 지으리이까 여인이 날마다 요셉에게 청하였으나 요셉이 듣지 아니하여 동침하지 아니할 뿐더러 함께 있지도 아니하니라"(창 39:9-10).

분노의 방식이 다를 뿐이다. "내가 어찌 이 큰 악을 행하여 하나님께 죄를 지으리까"는 항명이다. 옳지 않은 일에 대해서 죽기를 각오하고 거부하고 대항하는 표현이다.

10절에서 요셉은 더욱 구체적으로 하나님께 죄가 되는 일에 대해서 행동으로 분노의 감정을 나타낸다. 이런 것을 의분(義憤)이라고 말한다. 부인의 유혹을 듣지도 않고, 같은 공간에 있지도 않았다.

살다보면 화낼 일이, 분노할 일들이 많이 생긴다. 대부분은 사람과의 관계와 뜻대로 되지 않는 일 때문에 그렇다. 세상일 때문에 시도 때도 없이 분별력을 상실하고 화를 내는 사람들은 요셉의 분노조절의 지혜를 새겨보아야 한다.

예수님도 옳지 않은 일에 대해서 때로는 분노하셨다.

우리에게 주체 할 수 없는 분노가 있을 때 요셉이 그랬던 것처럼 우리의 감정조차도 다스리시는 하나님을 더욱 가까이 해서 분노를 다스리고, 잃어버린 기쁨을 되찾고, 마음의 평강을 유지해서 복 있는 삶을 살 수 있어야 한다.

창조적인 감정 표현

셋째, 창조적인 감정 표현이다. 요셉은 감정을 절제할 뿐 아니라, 감정을 표현하는데 있어서 창조적인 탁월한 모습을 보여주고 있다.

"요셉이 자기 음식을 그들에게 주되 베냐민에게는 다른 사람보다 다섯 배나 주매 그들이 마시며 요셉과 함께 즐거워하였더라"(창 43:34).

요셉이 형제들에게 음식을 나누어 줄 때 특별한 행동을 하였다. 당시 특별한 손님을 접대할 때는 음식을 보통 손님보다 1.5배 정도 대접하는 것이 관례였다. 너무 적게 주는 것도, 너무 많이 주는 것도 예의에 어긋났다. 혹 너무 반가운 나머지 '두 배 가까이 되는 음식을 줄 수도 있지 않겠나'라고 생각할 수도 있겠지만, 왕(王) 이외에는 두 배의 음식을 줄 수도 받을 수도 없었다. 두 배 이상의 음식을 주게 될 경우, 왕권모독이라는 죄에 해당될 수도 있기 때문이다. 이것이 당시 애굽의 문화였다.

하지만 요셉은 베냐민에게 무려 다섯 배나 되는 음식을 주었다. 물론 이 것은 형제들이 요셉을 시기해서 버렸던 것처럼 베냐민에 대해서 시기하는 마음이 있는지를 테스트하기 위한 것이었지만 요셉의 감정 표현이 얼마나 분명하고 적극적인 지를 보여주고 있다.

형식과 격식과 전통에 얽매이지 않고 가족들에게 사랑한다는 감정을 과감하게 표현하는 것은 대단히 중요한 것이다. 가족들에게 좋은 감정을 표현하는 것이 우리 한국 사람들에게는 좀 서툰 것 같다.

심리학에서 건강한 사람일수록 자신의 감정을 잘 표현한다고 한다. 분 노도 가슴에 담아두면 화병이 된다. 이 병은 세계가 인정하는 대한민국의 병이다. 1995년에 미국정신의학회에서 이것을 한국말 그대로 한국인들에 게만 있는 병이라고 발표했다.

화병은 오래된 분노를 말하는 것이다. 분노 대신에 더 많이 웃는 연습을 해야 할 사람이 우리 한국 사람이다. 긍정적이고 좋은 감정표현에 서툰 우 리들이 새겨야 일이다.

요셉이 다섯 배나 더 많은 음식을 통해 감정을 표현해서 가족관계가 회복되었다. "그들이 마시며 요셉과 함께 즐거워하였더라"라고 했기 때 문이다.

창조적이고 긍정적이고 정직한 감정의 표현이 가족 공동체 안에서 얼마나 소중하고 힘이 있는지를 배우게 된다. 감정을 가슴에 담아두어야 할 때도 있지만, 때로는 그것을 아낌없이 표현할 줄도 아는 지혜가 있어야 한다. 정직한 감정 표현은 힘이 있다. 감동이 있다. 깨어진 가족공동체를 회복시켜 나가는 힘이 있는 것이다.

　요셉처럼 남편에게, 아내에게, 자녀들에게, 부모님에게 용기가 되고 힘이 되고 기쁨을 함께 나눌 수 있는 감정을 잘 표현하면서 살 수 있어야 한다.

18
위기와 반응
(창 45:5-8)

　"위기 앞에서 보이는 반응이 곧 믿음이다." 아씨시의 성자 프란체스코가 남긴 말이다. 사람은 누구나 다 위기를 겪는다. 그리스도인들도 예외는 아니다. 문제는 위기에 대해 어떻게 반응하느냐가 믿음의 깊이를 보여주는 것이다.

　요셉은 세 번의 가장 큰 인생의 위기를 경험하였다. 노예로 팔려가는 위기, 보디발의 아내로부터 유혹을 받는 위기, 감옥에 갇히는 위기가 바로 그것이다. 이 위기를 통해 요셉이 얼마나 철저한 믿음의 사람이었는지를 발견할 수 있다.

첫 번째 위기

요셉이 노예로 팔려갈 때의 반응은 성경 어느 구절을 찾아봐도 나오지 않는다. 원망했다든지, 절규했다든지, 절망했다든지…… 어떠한 기록도 없다. 그런 위기 상황에서 아무 반응이 없으면 죽은 건데, 침묵 외에는 아무 반응이 없었다. 성경이 보여주는 가장 강력한 믿음의 반응은 침묵이다.

우리는 조금만 이해할 수 없어도 소리를 높인다. 조금만 손해 보는 것 같아도 목소리가 높아진다. 생각했던 만큼 일이 이루어지지 않으면 원망의 소리를 높인다. 자신의 생각과 다르면 이상하고 잘못된 것이라고 말한다.

오해를 받고 억울한 일을 당하면 그 목소리는 더욱 높아진다. 다른 사람들이 주목하지 않으면, 무시하는 것 같아서 "어떻게 이럴 수 있냐?"라고 항변하든지 속으로 분노를 삼키며 계속 생각한다.

하지만 요셉은 이해할 수도, 상상할 수도 없었던 일을 겪으면서도 침묵한다. 이것이 요셉의 반응이었다.

믿음으로 신앙생활하면서 침묵해야 될 때가 있다. '하나님의 뜻이 있겠지. 하나님의 선하신 계획이 있겠지. 비록 지금은 모르지만 모든 것이 합력하여 선을 이루게 되겠지'라는 믿음이 없다면 우리는 침묵할 수 없다.

궁금한 것은 물어봐야 되고, 이상한 것은 따져봐야 되고, 틀린 것처럼 보이면 가려야 되고, 해를 받으면 항변해야 된다고 생각한다면 결코 침묵할 수 없다.

그래서 믿음이 깊어지면 내 목소리가 줄어드는 것이다. 세상은 이해할 수 없고 따져 묻고 싶은 것이 얼마나 많은지 모른다. 부부지간에도, 성도 간에도 세상의 법이 왜 그렇게 복잡한지 모른다. 따지는 사람이 너무 많아서 법이 가려 주어야하기 때문이다.

요셉이 형들과 하나님께 따지려면 한두 가지가 아니었을 것이다. 그 원통함은 이루 말할 수 없었을 것이다. 환경과 신분의 변화는 사람에게 충격을 주게 되어 있다. 갑자기 주인이었다가 종이 되면, 대부분의 사람들은 그 충격 때문에 쓰러지기도 하고, 마비가 오기도 하고, 잠을 못 자고, 우울증에 빠지기도 하고, 폐인이 되기도 한다.

억울한 모함으로 최악의 상황으로 떨어진 요셉이지만 아무도 도와줄 사람이 없다. 앞이 캄캄하다. 미래가 없는 것이다.

우리도 이런 일들에 부딪히게 될 때 두 가지 질문을 할 수 있다. 왜 이런 일이 내게 일어났을까? 요셉이 무엇을 잘못했기에 아닌 밤에 홍두깨 식으로 왜 이런 일이 갑자기 일어났냐 하는 것이다. 그 해답은 요셉에게 있지 않다. 어떤 때에는 고난의 해답이 우리에게 있지 않고 하나님께만 있다.

하나님께서 요셉에게 한 말씀만 해주셨으면 괜찮을 것 같다. "요셉아,

이게 다 나중에 총리대신 될 각본이다"라고 미리 한 마디만 해주셨다면 13년이 아니라 100년도 기다릴 수 있었을 것이다. 그런데 그런 말씀이 한 번도 없었다. 하나님은 때로는 우리에게 아무 설명도 없이 깊은 고난의 밤으로 던지신다.

결과적으로 보면, 약관 30세에 그 당시에 천하를 호령하던 이방 나라, 애굽의 총리대신 되는 것이 하나님의 섭리였지만, 요셉은 그것을 알 까닭이 없었다.

우리는 인생을 살아갈 때 왜 그 사람이 죽어야 하는지, 왜 그렇게 의롭고 착한 사람이 고난을 겪어야 하는 지에 대해 해답을 찾을 수가 없다. 그럴 때 우리는 하나님의 섭리가 있다는 사실을 믿어야 한다. 하나님의 손길이 있다는 것을 믿을 때 하나님은 우리가 믿는 대로 고난과 역경 속에서부터 벗어나게 하신다.

또 하나 우리는 이런 질문을 할 수 있다. "왜 하필이면 애굽의 왕 바로의 시위대장 보디발의 집에 팔려갔느냐?"는 것이다.

그 이유도 우연에 있는 것이 아니라 하나님에게 있다. 그것이 바로 왕을 만날 수 있는 연결점이 되기 때문에 하나님께서 그렇게 하신 것이다.

여기서 우리는 하나님의 보이지 않는 섭리와 경륜, 예정을 볼 수가 있다. 이렇게 모든 일들 속에서 하나님의 이유와 뜻이 있다는 것을 믿을 때, 그것을 기독교인의 '역사의식'이라고 말한다. 더 정확한 신학적인 표현으로는 '섭리사관'이라고 한다.

역사의 주인이신 하나님은 인간의 모든 역사를 당신의 뜻과 목적에 따라서 간섭하시고 이끌어 가신다는 사상이다. 그래서 기독교의 역사의식을 가리켜 섭리사관이라고 말하는 것이다.

우리가 지금까지 지나온 모든 과거의 사건들의 이유는 단 한 가지뿐이다. 예수를 만나기 위해서이다. 우리가 예수님을 만나서 구원받기 위하여, 지금까지 겪었던 모든 일들이 – 성공이든지, 실패이든지, 기쁜 일이든지, 슬펐던 일이든지 – 다 '예수 만나기 위한 사건'들이었다. 이렇게 믿어야지만 그 일들에 대해서 의미가 생기는 것이다.

아팠던 것, 병들었던 것, 힘들었던 것이 다 예수님을 만나기 위한 것이었다. 그렇지 않으면 나만 억울한 것 같고, 재수 없는 것 같고, 운이 없는 것 같아서 원망하고 실망할 수밖에 없다.

그러나 아팠던 것도, 힘들었던 것도, 병들었던 것도, 위기를 겪었던 것도 다 예수님을 더 깊이 만나고, 하나님을 더 깊이 경험하기 위한 하나님의 특별한 뜻이었다면, 그것은 의미 있는 것이고, 그 어떤 것보다 소중하고 유익한 것이다. 이게 바로 기독교인들이 가지는 역사의식, 섭리사관이다. 요셉은 이런 역사의식이 있었던 것이다.

모든 그리스도인들은 두 가지 인생을 산다. '예수를 만나기 위한 인생'을 살고, 예수님을 만나고 나서는 '예수를 위한 인생'을 사는 것이다. 예수를 만난 이후에 우리가 살아가는 인생은 한 종류밖에 없다.

'예수를 위한 인생'

우리가 얼마나 살지 몰라도, 얼마나 성공할지 몰라도, 얼마나 부자가 될지 몰라도, 얼마나 아픔을 겪을지 몰라도, 앞으로 살아가는 그 모든 이유는 오직 예수를 위해서 사는 것이다.

기독교 초대교회의 모든 신학과 신앙을 총정리했다고 평가받는 어거스틴은 "예수 만나기 위하여 내 과거가 있었고, 예수를 위하여 내 미래가 있다"라고 하였다.

이렇게 생각하면 우리가 어떤 일을 만나도 이길 수 있고, 인생은 재미있고, 흥분이 되고, 신나고, 가치 있는 것이 되는 것이다. 가난해도 견딜 수있고, 아파도 이길 수 있고, 자존심이 상해도 웃을 수 있고, 화가 나는 일에도 관대해질 수 있고, 실패에도 불안하지 않을 수 있는 것이다.

두 번째 위기

두 번째 위기 속에서 요셉은 믿음의 반응을 보여준다.

"이 집에는 나보다 큰 이가 없으며 주인이 아무것도 내게 아무것도 금하지 아니하였어도 금한 것은 당신뿐이니 당신은 그의 아내임이라 그런즉 내가 어찌 이 큰 악을 행하여 하나님께 죄를 지으리이까"(창 39:9).

역시 믿음의 사람은 믿음 있는 말을 한다. 믿음 없는 사람은 믿음 없는 말을 한다. 우리는 어떤 일을 겪더라도 믿음 있는 말을 할 수 있어야 한다.

예수 믿는 사람은 언어가 달라야 한다. 부정적인 말, 이간질하는 말, 공격하는 말, 의심하게 하는 말 등을 버려야 한다. 어떤 사람은 지나치게 과장하거나 왜곡하는 말을 한다. 그러나 요셉은 위기 가운데서도 하나님과 함께 하는 사람이었기 때문에 믿음의 말로 반응했다.

"여호와께서 요셉과 함께 하시므로 그가 형통한 자가 되어 그의 주인 애굽 사람의 집에 있으니"(창 39:2).

성경은 요셉의 고난을 "하나님이 함께 하신다"라는 말로 간단하게 정리했다. 고난이 있느냐 없느냐는 중요하지 않다. 하나님이 없는 것이 고난이고 저주인 것이다. 하나님이 함께 하시면 그것이 축복이다.

종교개혁자 중에서 장로교에서 제일 중요하게 생각하는 존 칼빈은 요셉을 가리켜 해석하기를 "임마누엘 신앙이다"라고 하였다. '하나님이 나와 함께 계시다'라는 의미의 임마누엘이 요셉 신앙의 특징이라는 것이다.

요셉은 어렸을 때 어머니를 여의였지만, 평생을 하나님과 동행했다는 것이 중요하다. 하나님과 동행하면 할수록 우리는 두 가지를 가질 수 있다.

첫째, 요셉이 하나님과 동행하는 삶을 살았기 때문에 꿈을 가질 수 있었다. 하나님께서 믿음의 사람에게 꿈을 가지게 하시고, 그 꿈을 이루어가도록 인도하신다. 그래서 하나님과의 깊은 교제의 체험이 있는 사람일수록 거룩한 비전을 갖게 된다.

자기 인생을 그 꿈과 비전에 투자한다. 이것이 사명으로 자리 잡게 되어서 헌신의 사람이 되는 것이다. 거룩한 꿈과 비전, 삶의 분명한 목적의식, 사명의식이 하나님과 동행하는 사람의 특징인 것이다.

둘째, 요셉은 하나님과 동행하는 삶을 살았기 때문에 어려서부터 정직하게 살 수 있었다. 정직한 성품을 가졌기 때문에 시험이 와도 이길 수 있었다. 모든 것을 다 아시는 하나님 앞에서 우리 인간들이 가장 먼저 취하는 마음가짐은 정직이다. 요셉은 정직했기 때문에 자기 자신을 지킬 수 있었다. 요셉은 다 지켜보시는 하나님 앞에서 죄를 행할 수가 없다는 의식을 가지고 산 것이다.

100년 전에 막스 베버라는 분이 있었다. 원래는 법을 공부했는데, 나중에는 경제학을 공부하고 경제학 교수로 재직했다. 워낙 박학다식해서 법, 경제학, 사회학, 역사학, 신학, 철학 등 많은 분야에서 깊은 조예를 가지고 있었다.

이 분의 저서 중에 〈개신교 윤리와 자본주의 정신〉이라는 책이 있다. 그는 이 책에서 기독교가 자본주의가 시작하는데 결정적인 역할을 했다고 설명 했다. 기독교 윤리 중에 있는 '금욕과 근로'가 자본주의의 모태가 되었다고 설명한다.

그는 두 가지로 금욕을 설명했다. 기독교에서 말하는 금욕(정신)은 정직과 절제라고 하였다. 기독교 윤리 중에 정직이 건전한 경제발전을 이룩하는데 기초가 된다는 것이다. 정직하지 않고 서로 속고 속이면 경제활동 자체가 무너지는 것이다. 그래서 건전한 자본주의가 발달하려면 경제활동을 하는 모든 사람들의 정신세계에 정직이 있어야 된다.

막스베버는 사회과학을 다룰 때 한 사회가 얼마나 건강하고 건전한 사회냐의 기준을 사람들의 도덕성, 특별히 정직에 두었다. 사람들이 대체로 정직하면, 그 사회는 건전하고 건강하다는 것이다.

세계에서 가장 정직한 도시는 어디일까? 여행 중 길거리에서 지갑을 잃어버렸을 경우 이를 다시 찾을 확률이 가장 높은 도시는 핀란드로 조사가 되었다. 반면에 지갑을 찾을 확률이 가장 낮은 국가는 포르투갈이다. 이것은 2013년에 리더스 다이제스트라는 유명한 잡지사에서 실험한 한 결과이다.

세계 16개국의 주요 도시에 약 5만원이 든 지갑을 떨어뜨리고 회수율을 조사를 했는데 총 192회를 반복해서 실험을 했다. 핀란드의 헬싱키가 12번 중 11번 지갑이 되돌아와서 1위를 차지했다. 2위는 인도 뭄바이이다. 12번 중에 9번이 돌아왔다. 참 의외의 결과이다. 빈민촌에 지갑을 떨어뜨렸는데, 12번 중에 9번이 돌아온 것이다. 아이든, 노인이든, 남자든, 여자든 관계없이 돌아왔다. 조금 의외가 스위스의 취리히가 12번 중에 4번만 돌아왔다. 우리나라는 다행히 이번 실험 대상국가에 포함되지를 않았다. 천만 다행이다.

그런데 우리나라 방송 3사에서 비슷한 실험을 했다. 10개의 지갑 중에서 2-3개만 돌아왔다. 조사한 16개 국가 중에서 11등을 한 브라질, 루마니아, 스위스 정도 수준인 것이다. 이는 우리 국민의 도덕성이 낮은 편에 속한다는 것을 보여준다. 부끄러운 결과다. 그래서 우리 시대는 정직이 무기이다.

세 번째 위기

요셉은 감옥에 갇히는 세 번째 위기를 겪는다. 빠져나올 수 있는 기회가 거의 없는 불가능에 가까운 정치범 감옥에 갇혔다. 절망적이다. 지금까지 위기는 위기도 아니다. 하지만 요셉은 감옥에서도 믿음 때문에 살아났다. 왕의 꿈을 잘 해석했기 때문이라고 생각할 수 있는 데 틀린 것이다. 왕의 꿈을 해석해 달라는 부탁을 받았지만 요셉은 왕을 모독하는 발언을 하였기 때문이다.

"요셉이 바로에게 대답하여 이르되 내가 아니라 하나님께서 바로에게 편안한 대답을 하시리이다"(창 41:16).

이방에서 끌려온 노예가 태양신의 아들이라고 일컬어지는 바로 왕에게 "하나님께서 대답해 주신다"라고 한 것이다. "태양신에게 물어보고 제가 대답하겠습니다"라고 했어야 한다. 바로 왕 앞에서 다른 신의 이름을 말하는 것은 왕을 모독하는 것이기 때문이다. 죽은 목숨이나 다름없지만 그는 살아났다. 믿음대로 살면 믿지 않는 다른 사람들도 감동을 하는 것이다. 바로는 요셉의 말에 감동을 받았다.

"바로가 그의 신하들에게 이르되 이와 같이 하나님의 영에 감동된 사람을 우리가 어찌 찾을 수 있으리요"(창 41:38).

그리스도인으로서 믿음을 가진 사람답게 살면 세상의 불신자들도 우리를 보고 감동한다. 왜 교회가, 그리스도인들이 욕을 먹는 가? 믿음대로 살지 않기 때문이다.

가장 큰 위기

흔히 요셉은 세 번의 위기를 겪었다고 하지만, 그의 일생일대의 가장 큰 위기는 자신을 팔았던 배다른 형제들을 만났을 때이다.

"원수는 외나무다리에서 만난다"는 속담처럼 세 번의 위기를 겪게 만든 원수 같은 형제들을 만났다. 복수할 수 있는 상황에서 원수를 만난다면 어떻게 하겠는가? 분노와 복수의 마음을 감출 수 없을 것이다. 인생의 수많은 숙제 중에서 가장 어려운 숙제가 마음으로 해결하는 숙제이다.

요셉은 자기 인생을 해석하는 특별한 의식이 있었기 때문에 형제들이 원수로 보이지도 않았고, 애굽에 종으로 팔린 것이 원통한 일도 아니었고, 수많은 죽을 고비를 넘긴 것 역시 원한으로 남지도 않았다.

"당신들이 나를 이 곳에 팔았다고 해서 근심하지 마소서 한탄하지 마소서 하나님이 생명을 구원하시려고 나를 당신들보다 먼저 보내셨나이다 이 땅에 이 년 동안 흉년이 들었으나 아직 오 년은 밭갈이도 못하고 추수도 못할지라 하나님이 큰 구원으로 당신들의 생명을 보존하고 당신들의 후손을 세상에 두시려고 나를 당신들보다 먼저 보내셨나니 그런즉 나를 이리로 보낸 이는 당신들이 아니요 하나님이시라 하나님이 나를 바로에게 아버지로 삼으시고 그 온 집의 주로 삼으시며 애굽 온 땅의 통치자로 삼으셨나이다"(창 45:5-8).

요셉은 자기가 겪은 모든 일을 하나님이 하셨다고 고백했다. 자기 나라와 민족 그리고 부모형제들을 구하기 위해서 하나님이 먼저 보내셨다고 고백하였다. 이것을 사명의식이라고 한다.

종교개혁자 존 칼빈은 참된 믿음의 사람인지 아닌지를 알아볼 수 있는 방법이 있다고 말했다. 그것은 그 사람을 요셉과 비교해 보면 된다고 했다. 요셉과 비교하여 소명의식, 사명의식, 개척자 정신, 이 세 가지가 있는가를 확인하면 된다고 하였다. 소명의식은 부르심을 말한다. 사명의식은 맡기신 것을 말한다. 그리고 개척자 정신은 앞서 보내신 것을 말한다.

우리는 요셉처럼 "부르셨다. 맡기셨다. 앞서 보내셨다"는 분명한 의식을 가지고 믿음으로 고백하며, 고백한대로 살아갈 때 이 시대의 요셉이 되어 살 수 있는 것이다. 이것이 자기 인생을 성공적으로 사는 방법이다. 이것이 우리를 향하신 하나님의 요청이다.

강을 건너온 사람들

초판 1쇄 | 2014년 8월 10일

지은이 | 김형석
펴낸이 | 김현태
펴낸곳 | 따스한 이야기
디자인 | 김민정 스튜디오 miin

주문문의 | 02-3159-8211(전화) 080-022-8585, 6(팩스)
편집문의 | 070-8699-8765
전자우편 | jhyuntae512@hanmail.net
출판등록 | 2011년 7월 28일 제305-2011-000035호

ISBN 978-89-967278-9-7 (03230)

*책값은 뒤표지에 있습니다.